Coleção Eu gosto m@is

Caligrafia

Déborah Pádua Mello Neves

Foi professora primária e, a partir de 1970, passou a publicar pelo IBEP/Companhia Editora Nacional obras didáticas dentre as quais estão: *A Mágica da Comunicação*, *A Mágica da Matemática*, *A Mágica dos Estudos Sociais e Ciências* e *A Mágica do Aprender*; *Viajando com as Palavras*, *Viajando com os Números*, *Viajando com os Estudos Sociais e Ciências*, *Viajando com o Saber*, obra adotada pela FAE; Coleção Tobogan; *Ciranda do Saber de Português*, *Matemática*, *Estudos Sociais e Ciências*; *O Livro do Saber: Português*, *Matemática*, *Estudos Sociais e Ciencias*, entre outros títulos.

Volume 3
Ensino Fundamental

IBEP

3ª edição
São Paulo
2015

Coleção Eu gosto m@is
Caligrafia 3º ano
© IBEP, 2015.

Diretor superintendente	Jorge Yunes
Diretora editorial	Célia de Assis
Gerente editorial	Maria Rocha Rodrigues
Coordenadora editorial	Simone Silva
Assessoria pedagógica	Valdeci Loch
Analista de conteúdo	Cristiane Guiné
Assistente editorial	Fernanda Santos
	Bárbara Vieira
Coordenadora de revisão	Helô Beraldo
Revisão	Beatriz Hrycylo, Cássio Dias Pelin, Fausto Alves Barreira Filho, Luiz Gustavo Bazana, Rosani Andreani, Salvine Maciel
Secretaria editorial e Produção gráfica	Fredson Sampaio
Assistentes de secretaria editorial	Carla Marques, Karyna Sacristan, Mayara Silva
Assistentes de produção gráfica	Ary Lopes, Eliane Monteiro, Elaine Nunes
Coordenadora de arte	Karina Monteiro
Assistentes de arte	Aline Benitez, Gustavo Prado Ramos, Marilia Vilela, Thaynara Macário
Coordenadora de iconografia	Neuza Faccin
Assistentes de iconografia	Bruna Ishihara, Camila Marques, Victoria Lopes, Wilson de Castilho
Ilustração	José Luís Juhas, Imaginário Stúdio, Eunice/Conexão João Anselmo e Izomar
Processos editoriais e tecnologia	Elza Mizue Hata Fujihara
Projeto gráfico e capa	Departamento de Arte - IBEP
Ilustração da capa	Manifesto Game Studio
Diagramação	N-Publicações

CIP-BRASIL. CATALOGAÇÃO-NA-FONTE
SINDICATO NACIONAL DOS EDITORES DE LIVROS, RJ

N425c
3. ed.

Neves, Déborah Pádua Mello
  Caligrafia, volume 3 / Déborah Pádua Mello Neves. - 3. ed. - São Paulo : IBEP, 2015.
        il. ; 28 cm.   (Eu gosto mais)

  ISBN 9788534244558 (aluno) / 9788534244565 (mestre)

  1. Caligrafia - Técnica. 2. Escrita. 3. Caligrafia - História. I. Título. II. Série.

15-23279   CDD: 745.61
                         CDU: 003.076

29/05/2015   29/05/2015

3ª edição – São Paulo – 2015
Todos os direitos reservados

IBEP
Av. Alexandre Mackenzie, 619 - Jaguaré
São Paulo – SP – 05322-000 – Brasil – Tel.: (11) 2799-7799
www.editoraibep.com.br   editoras@ibep-nacional.com.br

Impressão - Grafica Grym - Abril de 2025

APRESENTAÇÃO

Querido aluno, querida aluna,

Aprender a ler e escrever é uma delícia!

Vamos aprendendo, aprendendo e, de repente, sabemos ler!

Começamos a ler tudo em todos os lugares: nos cartazes de propaganda, nas placas dos carros, nos folhetos, nos rótulos, nas revistas...

Mas é preciso treinar muito para também saber escrever tudo aquilo que já aprendemos.

Esta obra foi feita especialmente para ajudá-los nessa fase de aprendizado.

Aproveitem as atividades de seu livro, enfrentem os desafios que ele traz, aprendam e divirtam-se!

Um grande abraço,

Déborah Pádua Mello Neves

SUMÁRIO

LIÇÃO		PÁGINA
1	O alfabeto da língua portuguesa	6
2	As vogais	9
3	Encontro vocálico	10
4	Consoantes	12
5	Encontro consonantal	15
6	Os números	17
7	Emprego do til ~	19
8	Acento agudo ´	21
9	Acento circunflexo ^	23
10	Cedilha ç	25
11	M antes de **b**, m antes de **p** e no final das palavras	27
12	Emprego do an, en, in, on, un	29
13	Emprego do s e ss	31
14	Palavras com z	33
15	Emprego do r e rr	35
16	Sílabas com r entre vogais	37
17	Palavras com br e cr	39
18	Palavras com dr e fr	41
19	Palavras com tr e vr	43
20	Palavras com gr e pr	45
21	Palavras com pl e tl	47

22	Palavras com lh	49
23	Palavras com ch	51
24	Palavras com nh	53
25	Vamos recordar palavras com lh, ch, e nh	57
26	Palavras com fl e gl	59
27	Palavras com bl e cl	62
28	Palavras com h no início	64
29	Palavras com ge, gi/je, ji	66
30	Palavras com qua, que, qui	68
31	Palavras com gua, gue, gui	70
32	Palavras com ar, er, ir, or, ur	72
33	Palavras que começam com al e au	74
34	Palavras com al, el, il, ol, ul	76
35	Palavras com final em -ão	78
36	Os diferentes sons de x	80
37	Palavras com c, sc e sç	85

LIÇÃO 1

O alfabeto da língua portuguesa

O alfabeto da língua portuguesa tem 26 letras. As letras podem ser maiúsculas e minúsculas. O alfabeto é formado de vogais e consoantes. Observe as letras maiúsculas e minúsculas do nosso alfabeto.

A a	B b	C c	D d	E e	F f
G g	H h	I i	J j	K k	L l
M m	N n	O o	P p	Q q	R r
S s	T t	U u	V v	W w	X x
		Y y	Z z		

ATIVIDADES

1. Copie o alfabeto maiúsculo.

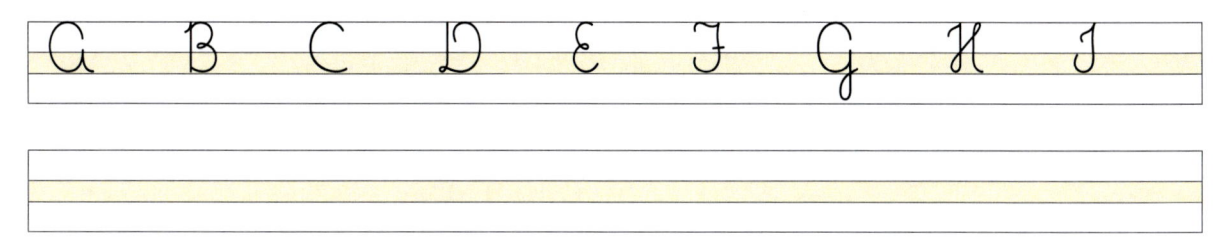

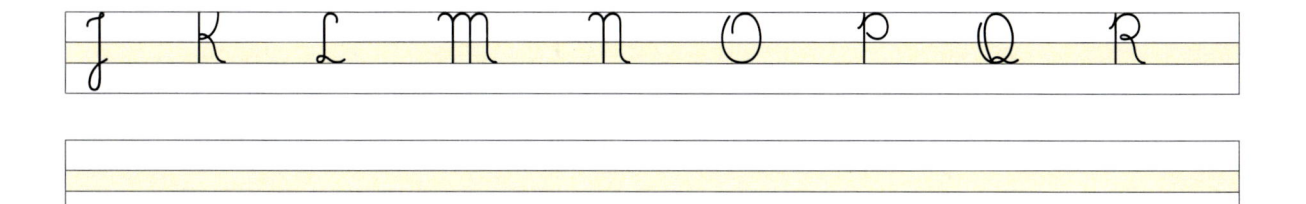

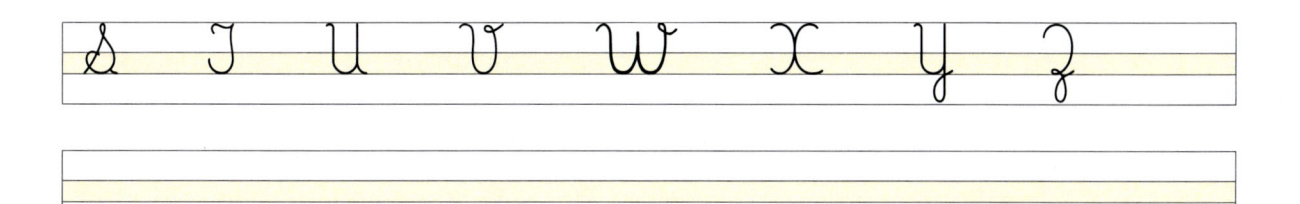

A B C D E F G H I

J K L M N O P Q R

S T U V W X Y Z

2. Copie o alfabeto minúsculo.

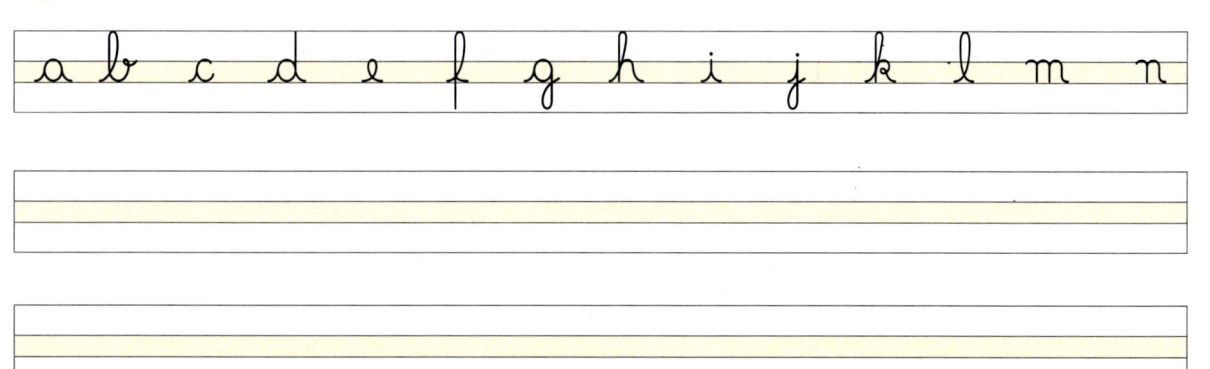

a b c d e f g h i j k l m n

o p q r s t u v w x y z

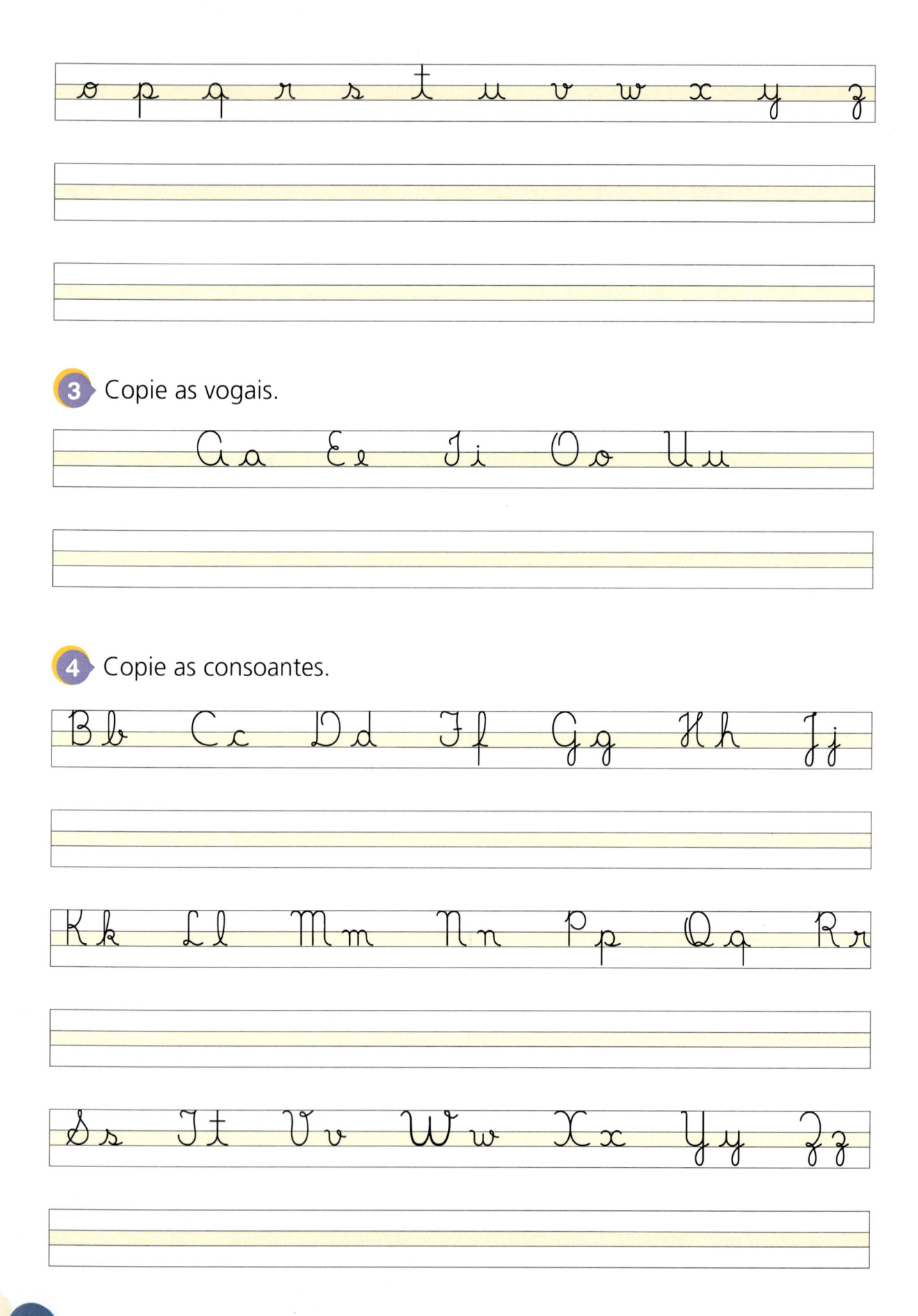

3 Copie as vogais.

Aa Ee Ii Oo Uu

4 Copie as consoantes.

Bb Cc Dd Ff Gg Hh Jj

Kk Ll Mm Nn Pp Qq Rr

Ss Tt Vv Ww Xx Yy Zz

CALIGRAFIA

LIÇÃO 2 — As vogais

ATIVIDADES

1 Escreva os nomes das figuras e circule as vogais.

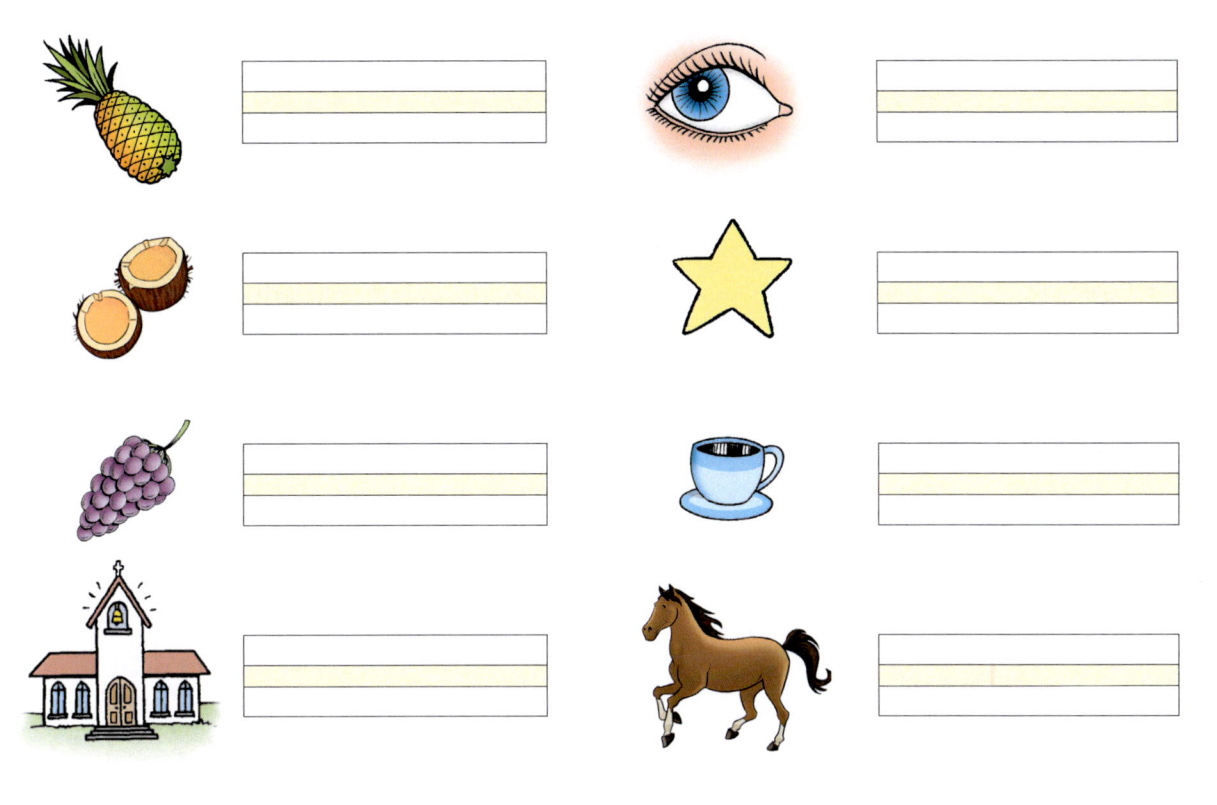

2 Complete com vogais os nomes das pessoas.

ntônio   lza   vete   rlando

line   lisa   lga   lisses

LIÇÃO 3 — Encontro vocálico

Observe.

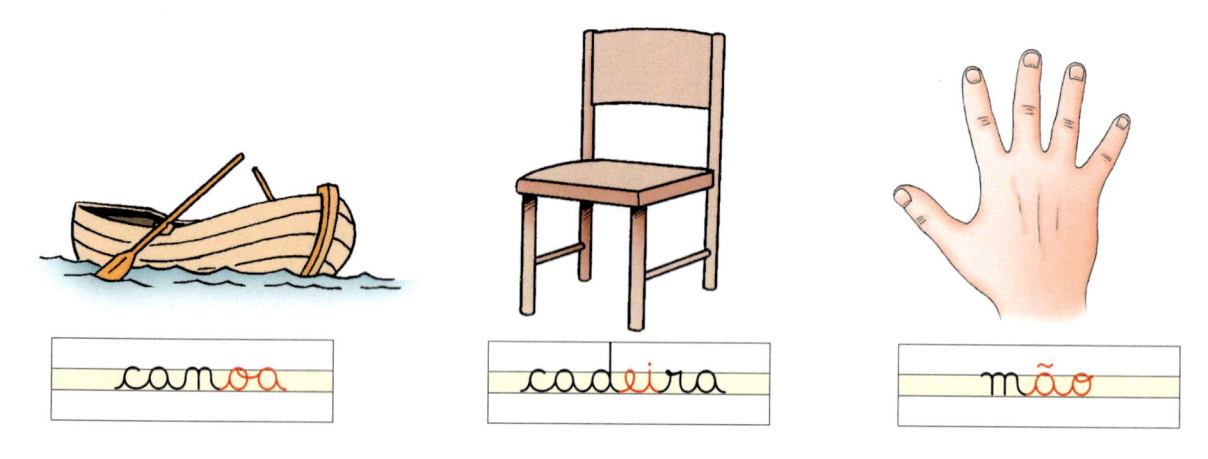

canoa   cadeira   mão

Nas palavras canoa, cadeira e mão há **encontro vocálico**.

ATIVIDADES

1 Copie as palavras que apresentam encontro vocálico.

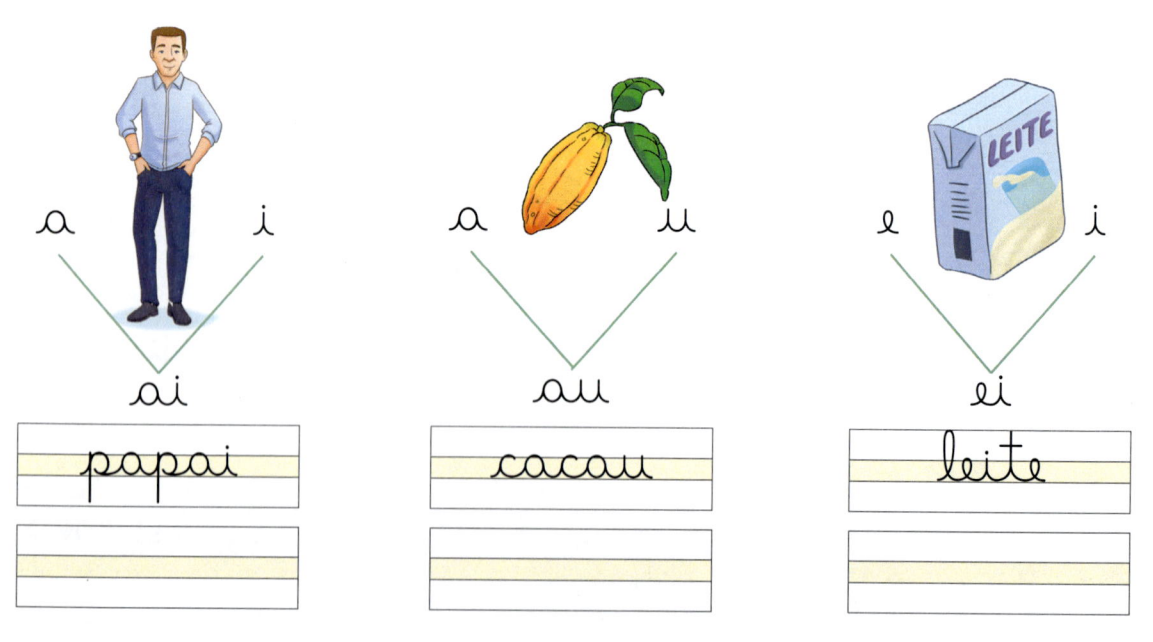

a   i   a   u   e   i
 ai   au   ei
papai   cacau   leite

CALIGRAFIA

u　　　　　　a　　　　i　　　　　o　　　　ã　　　　　o

ua　　　　　　　　io　　　　　　　　ão

rua　　　　　　　navio　　　　　　　balão

2 Complete as palavras com encontro vocálico. Depois, copie-as.

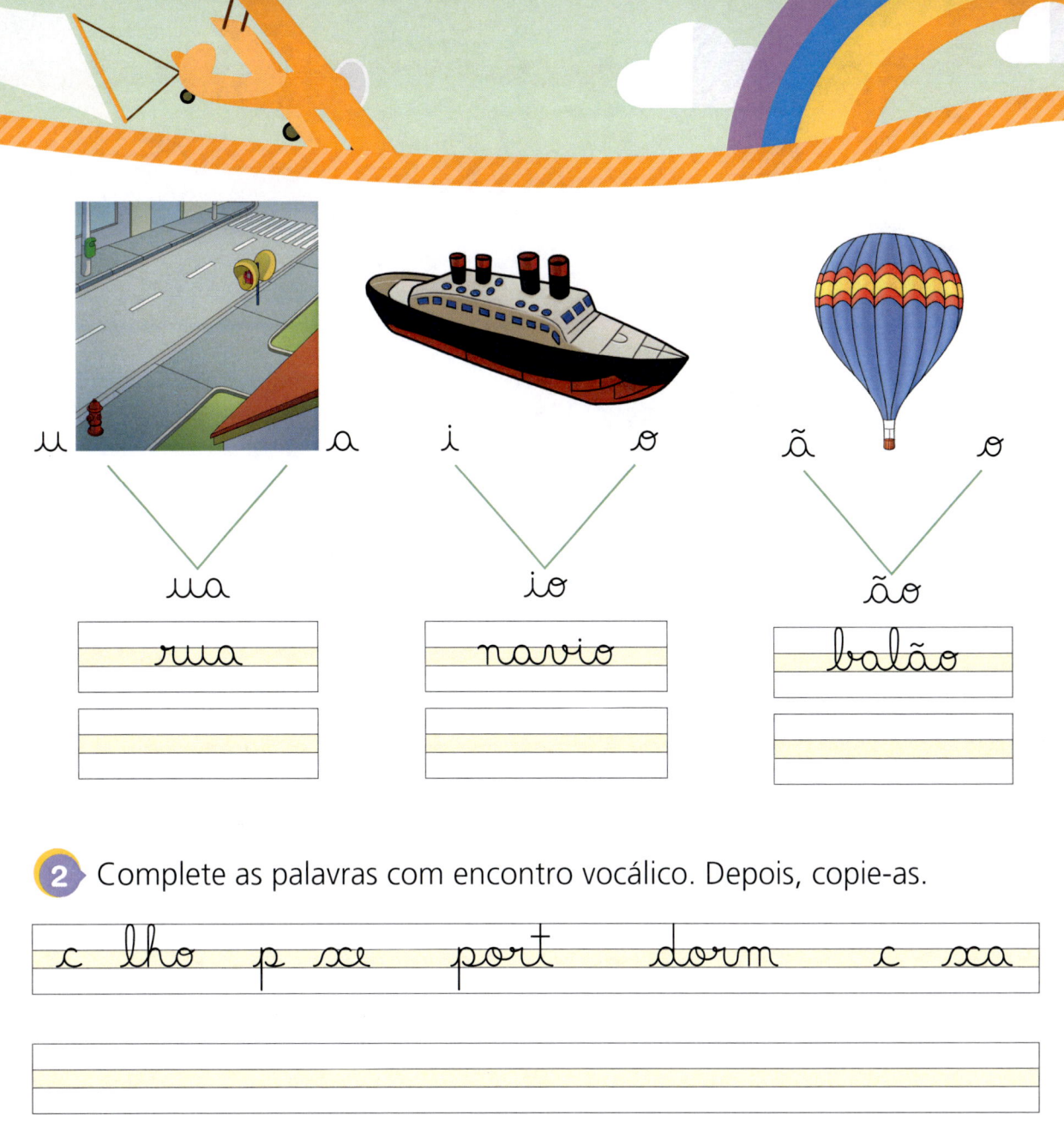

c_lho　　p_xe　　port_　　dorm_　　c_xca

pa_　　_ro　　mac_　　c_tado　　_ming

b_　　gal_　　cur_　　pa_　　c_

LIÇÃO 4

Consoantes

ATIVIDADES

1 Organize as letras formando palavras que comecem com consoante.

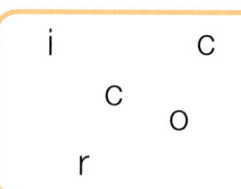

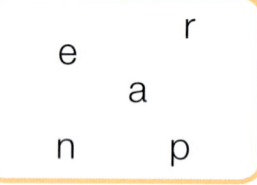

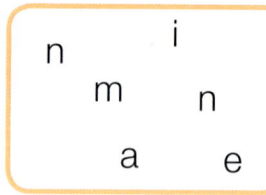

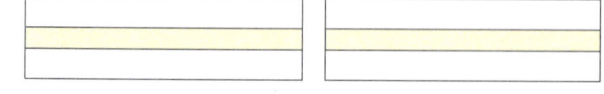

| i p a | i c c o r | r e a n p | n i m n a e |

2 Complete os nomes começados por consoante.

eila   arlos   enise   lávio   aci

arcelo   ônia   aís   anda   aulo

3 Complete os nomes dos seguintes meses do ano que estão no desenho.

____gosto   ____etembro   ____utubro   ____ovembro

Agora, copie os nomes dos meses que começam com:

- vogal
- consoante

4) Complete os nomes com consoantes do quadro, conforme o desenho, e depois copie-os.

b – c – d – f – g – h – j – k – l – m – n
p – q – r – s – t – v – w – x – y – z

apo

eão

alde

elógio

ato

oelho

alhaço

i a a

5 Ligue as sílabas e forme palavras.

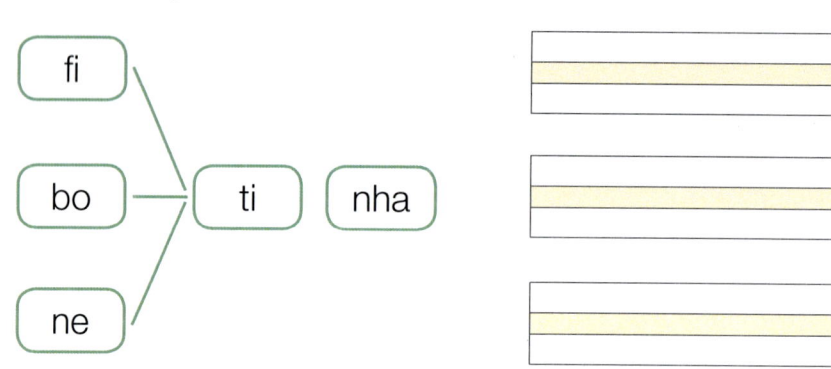

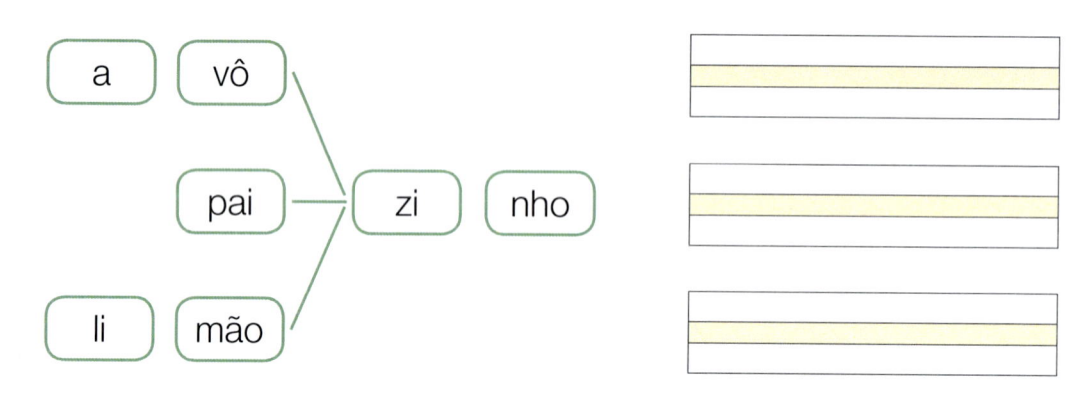

fi — ti — nha
bo — ti — nha
ne — ti — nha

a — vô
pai — zi — nho
li — mão

6 Forme uma frase para cada palavra do quadro.

coelho – passarinho – relógio

LIÇÃO 5

Encontro consonantal

Observe.

zebra   *trem*   *flauta*

Nas palavras **zebra**, **trem** e **flauta** há encontro consonantal.

ATIVIDADES

1 Complete com a letra **L** e observe que na palavra formada há um encontro consonantal.

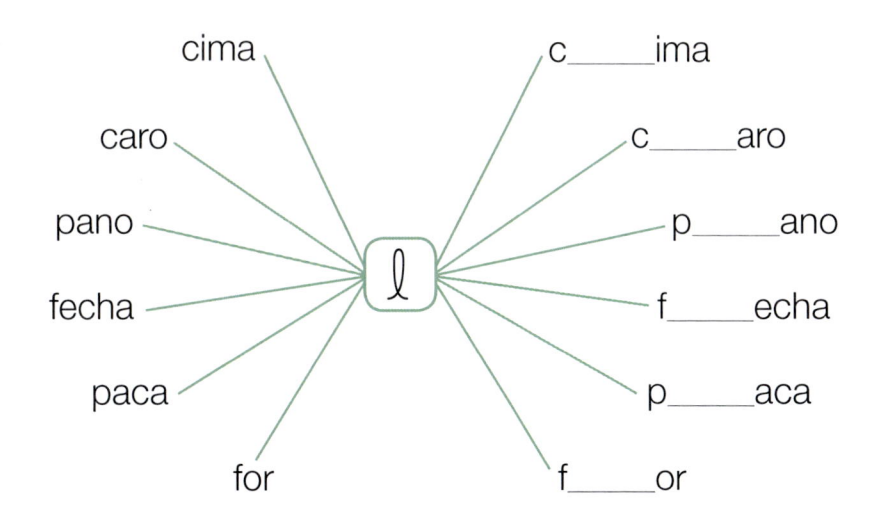

cima — c_____ima

caro — c_____aro

pano — p_____ano

fecha — f_____echa

paca — p_____aca

for — f_____or

(l)

2 Complete com a letra **r** e observe que na palavra formada há um encontro consonantal.

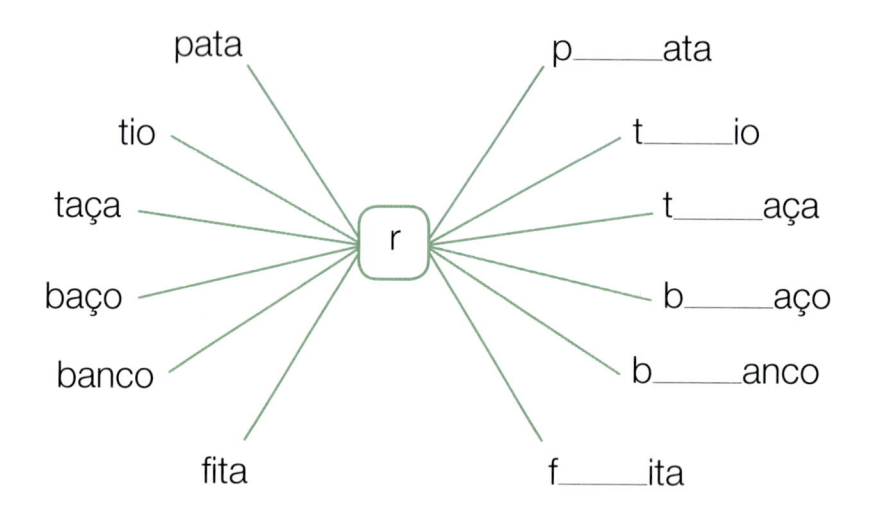

pata — r — p____ata
tio — r — t____io
taça — r — t____aça
baço — r — b____aço
banco — r — b____anco
fita — r — f____ita

3 Complete com um encontro consonantal, de acordo com a palavra sugerida pelo desenho. Depois, copie a palavra formada.

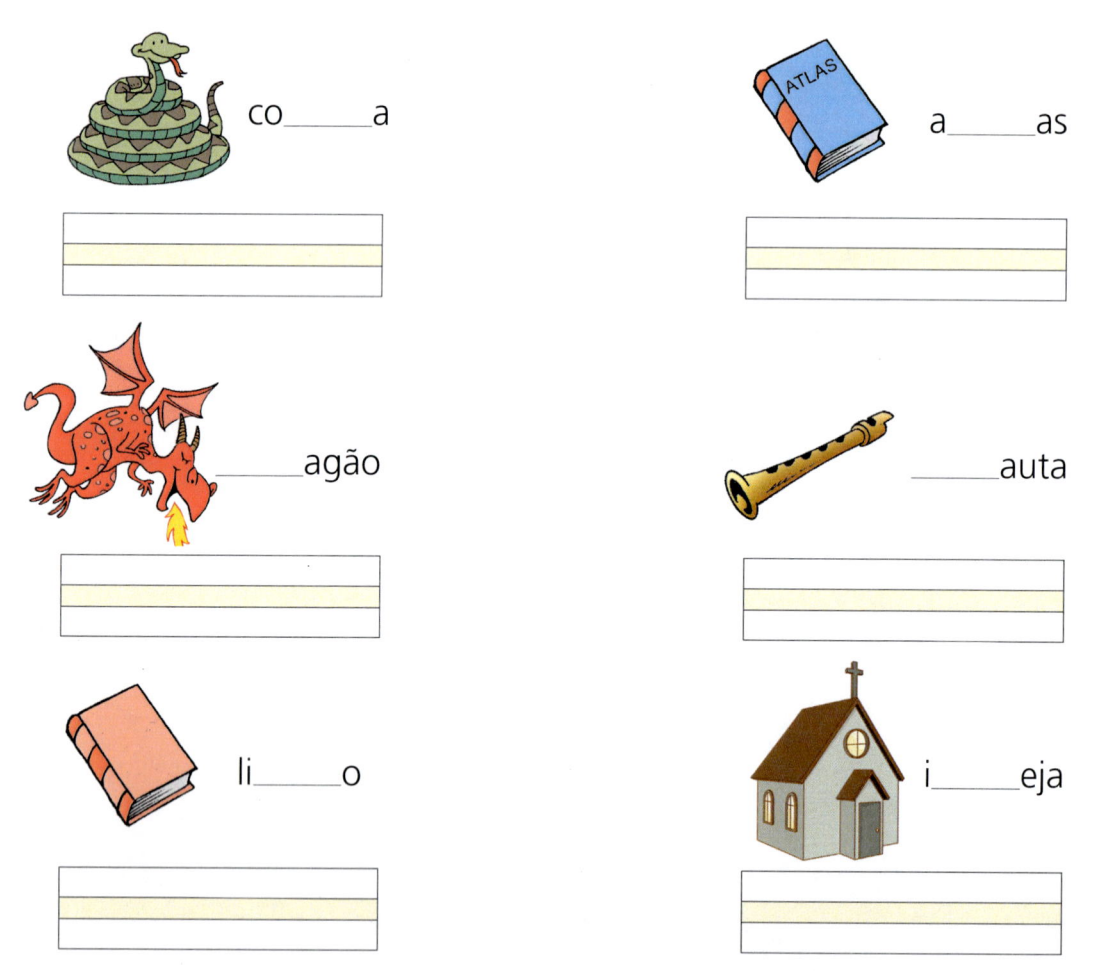

co____a

a____as

____agão

____auta

li____o

i____eja

LIÇÃO 6 — Os números

Contando de 1 em 1

ATIVIDADE

Copie os números.

1 2 3 4 5 6 7 8 9 10

Contando de 10 em 10

ATIVIDADES

1 Complete. Veja o modelo.

1 dezena — 10 unidades — dez
2 dezenas — 20 unidades
3 dezenas — 30
4 dezenas — 40
5 dezenas — 50
6 dezenas — 60

7 dezenas 70

8 dezenas 80

9 dezenas 90

10 dezenas 100

2 Complete o quadro segundo o modelo.

dez	10	sessenta	
	20		70
trinta			80
	40		90
	50	cem	

LIÇÃO 7

Emprego do til ~

Observe.

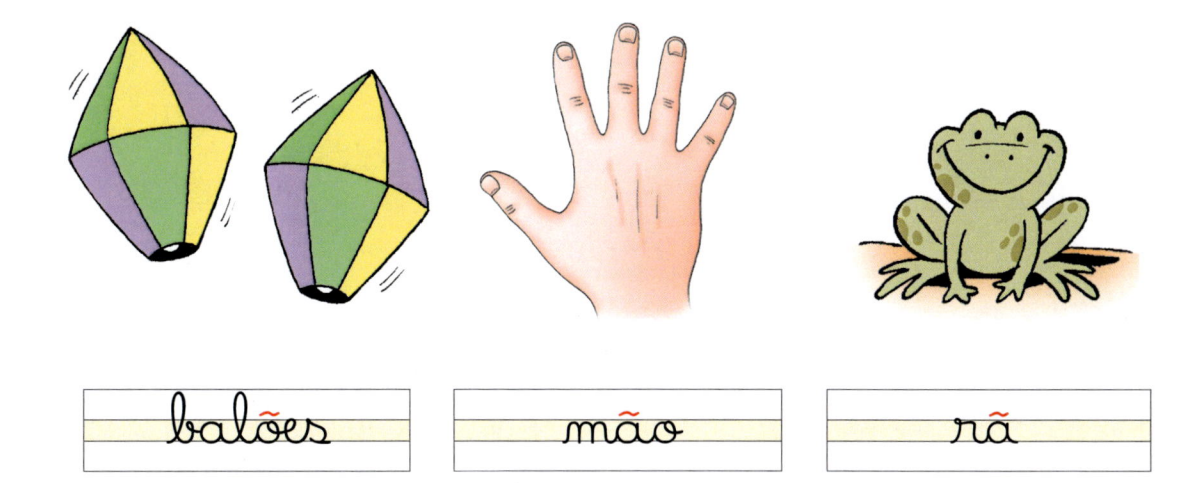

balões   *mão*   *rã*

ATIVIDADES

1 Coloque o **til** nas palavras e, depois, copie-as.

balao   caminhao   pioes   irmaos

camarao   coraçoes   manha   hortela

2 Escreva as palavras nos quadros correspondentes.

mãos   grãos   maçãs   cães   facão   chão
hortelã   irmã   gatões   lições   pães   avelãs

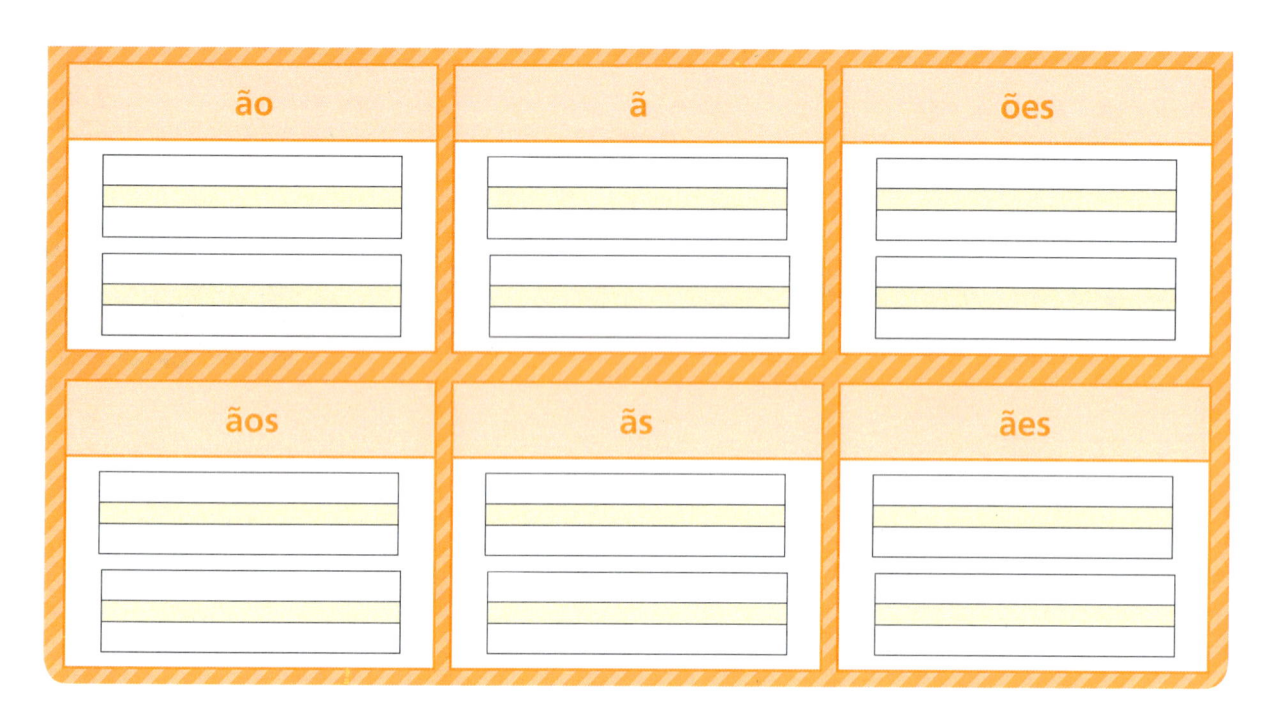

ão	ã	ões

ãos	ãs	ães

3 Separe as sílabas das palavras.

cãozinho

fogão

maçã

garrafão

irmãs

pãezinhos

LIÇÃO 8

Acento agudo ´

Observe.

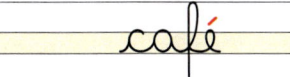

café   avó   açúcar

ATIVIDADES

1 Coloque o acento agudo nas palavras.

ceu   medico   rapido   domino   picole

magica   oculos   sofa   musica   Jau   avo

2 Separe as sílabas das palavras.

príncipe

música

chapéu

baú

3 Copie as frases, substituindo os desenhos pelas palavras correspondentes.

O príncipe está no _____ .

O _____ vive no Pantanal.

Aurora preparou uma delícia de _____ .

O _____ e o _____ são do Américo.

A _____ colocou _____ no _____ .

LIÇÃO 9

Acento circunflexo ^

Observe.

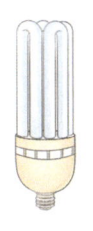

lâmpada   bebê   ônibus

ATIVIDADES

1 Separe as sílabas das palavras.

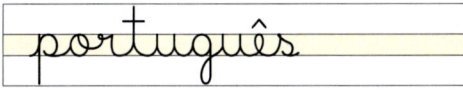

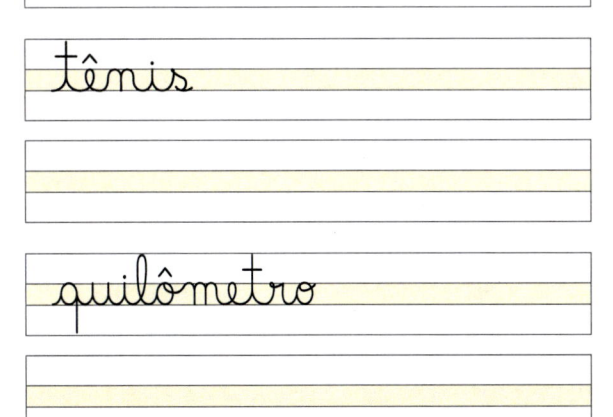

lâmina

português

tênis

bisavô

quilômetro

camelô

2 Observe os desenhos e sublinhe a palavra correspondente a eles. Depois, copie a palavra.

carro – ambulância – carroça

robô – ioiô – carrinho

lamparina – lanterna – lâmpada

pera – pêssego – maçã

jipe – caminhão – ônibus

cafeeiro – vovô – laranjeira

LIÇÃO 10

Cedilha ç

Observe.

carroça   laço   açucareiro

O sinal colocado abaixo da letra **c** antes de **a**, **o** e **u** chama-se **cedilha** (¸).

ATIVIDADES

1 Coloque a cedilha nas palavras.

cabeca   onca   poco   acude   fumaca

roca   acucar   pescoco   cacula   aco

2 Separe as sílabas das palavras.

fumaça

bagaço

3 Complete as palavras com **c** ou **ç**. Depois, copie as frases.

Os trilhos são de a o.

O trem chegou na esta ão.

O palha o está no irco.

Pus a úcar na ta a de do e.

Vou à pra a da minha idade.

elina comeu enoura no almo o.

LIÇÃO 11

M antes de b, m antes de p e no final das palavras

Observe.

bombom   ambulância   tampa

ATIVIDADES

1 Copie as palavras.

pomba   campo   tambor   empada

andam   ontem   algum   jardim

2 Dê o nome do profissional que:

a) apaga incêndios.

c) trata dos dentes.

b) dirige os trens.

d) cuida do jardim.

3 Complete a cruzadinha.

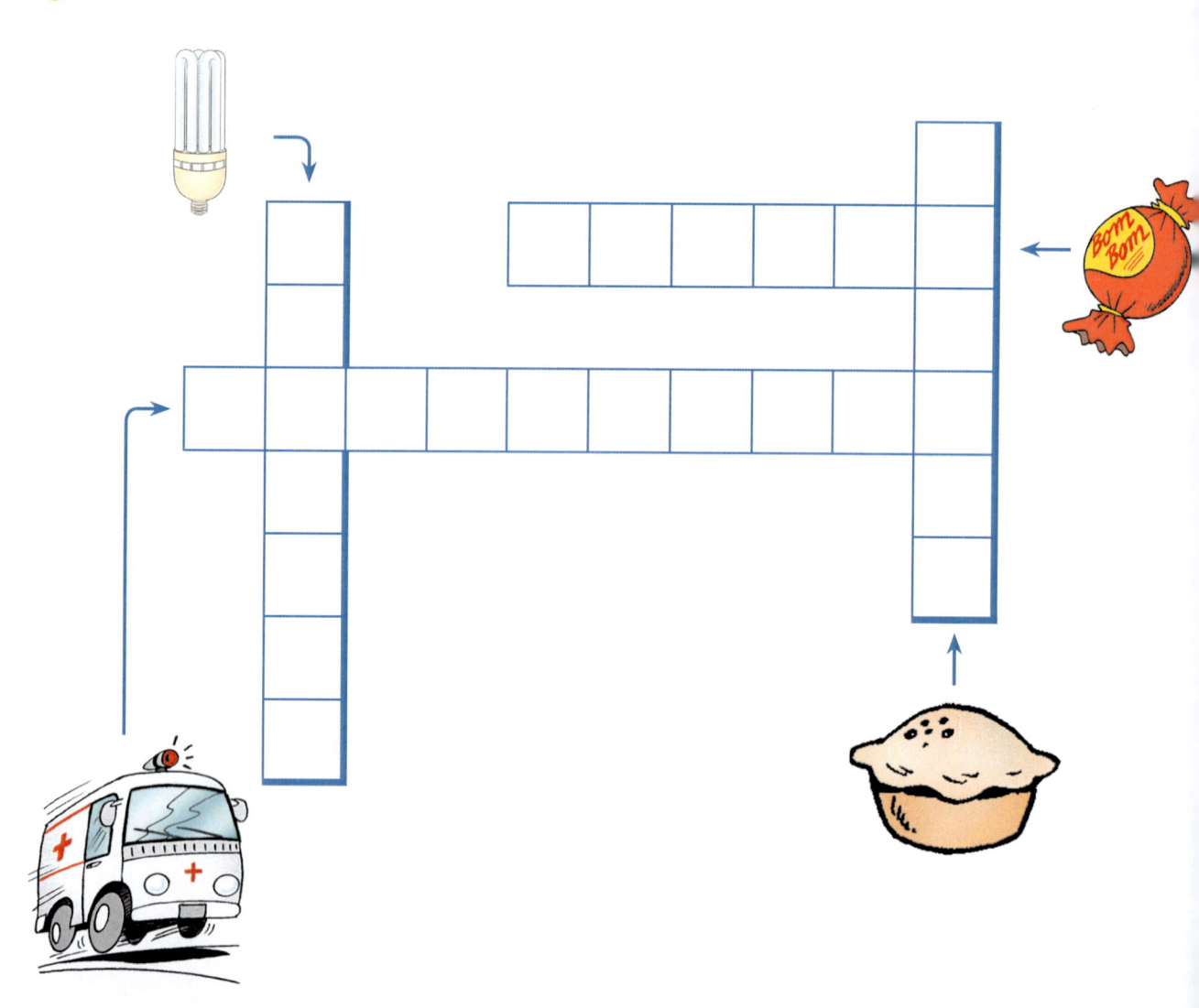

LIÇÃO 12 — Emprego do an, en, in, on, un

Observe.

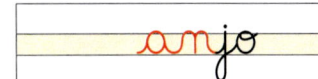

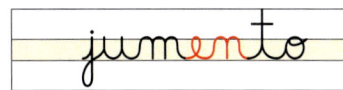

anjo   jumento   onça

ATIVIDADES

1 Separe as sílabas das palavras.

gente

honra

banco

bandeira

lenço

pintura

2 Ordene as palavras e forme frases.

onça A animal é um lindo

de Gosto de mandioca sopa

3 Complete com **M** ou **N**.

E	S	T	U	D	A		T	E
B	O		B	E	I	R	O	
	T	A		B	O	R		
V	I	S	I	T	A		T	E
	S	A		B	A			
		G	E		T	E		
T	E		P	O				
E		X	A	D	A			
E		P	A	D	Ã	O		

LIÇÃO 13

Emprego do s e ss

Observe.

sapo

pássaro

ATIVIDADES

1 Separe as sílabas das palavras. Observe os modelos.

salada

sa-la-da

vassoura

vas-sou-ra

sacola

assado

semana

sossego

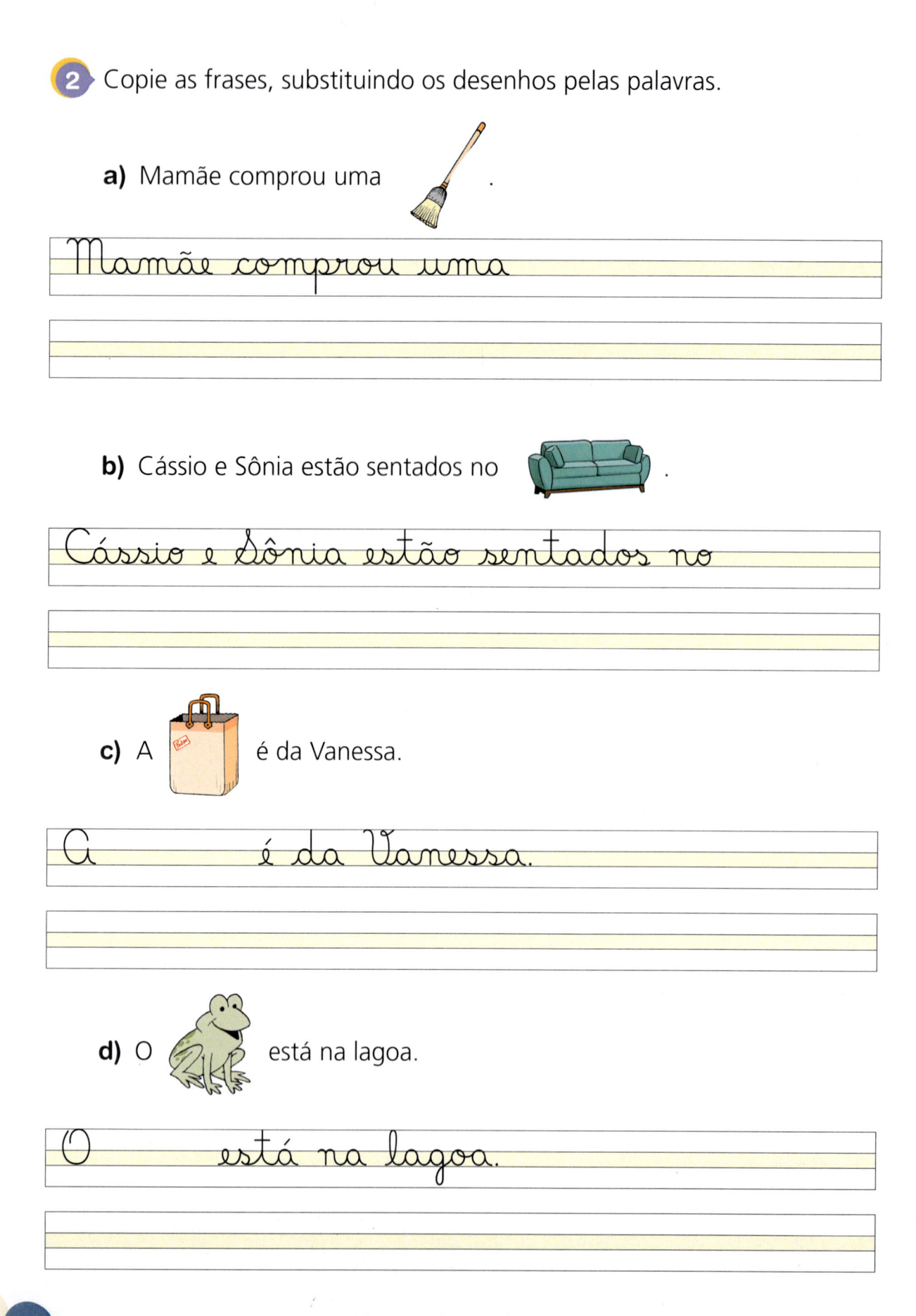

2 Copie as frases, substituindo os desenhos pelas palavras.

a) Mamãe comprou uma 🧹 .

Mamãe comprou uma

b) Cássio e Sônia estão sentados no 🛋 .

Cássio e Sônia estão sentados no

c) A 🛍 é da Vanessa.

A   é da Vanessa.

d) O 🐸 está na lagoa.

O   está na lagoa.

LIÇÃO 14

Palavras com z

Observe.

azulão

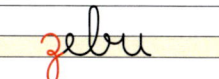

zebu

ATIVIDADES

1 Complete as frases com as palavras do quadro.

azeitonas   batizado   azulejo   azeite   azedo

Gosto de comer _____ pretas.

O limão é _____ .

Fui ao _____ do meu irmãozinho.

O _____ da cozinha é branco.

Gosto de salada com _____ .

2 Junte as sílabas e forme palavras.

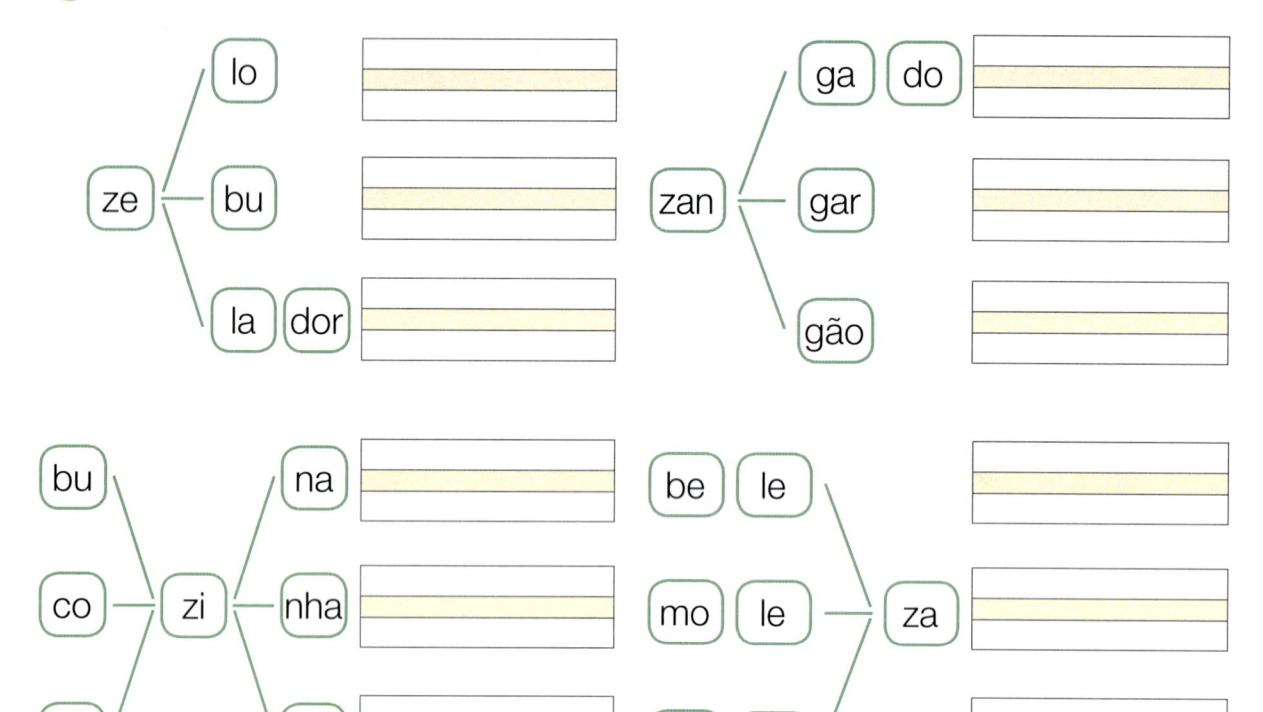

ze — lo / bu / la-dor

zan — ga-do / gar / gão

bu / co / dú — zi — na / nha / a

be-le / mo-le / po-bre — za

3 Forme uma frase com cada palavra do quadro.

buzina – cozinha – azeitona

LIÇÃO 15

Emprego do r e rr

Observe.

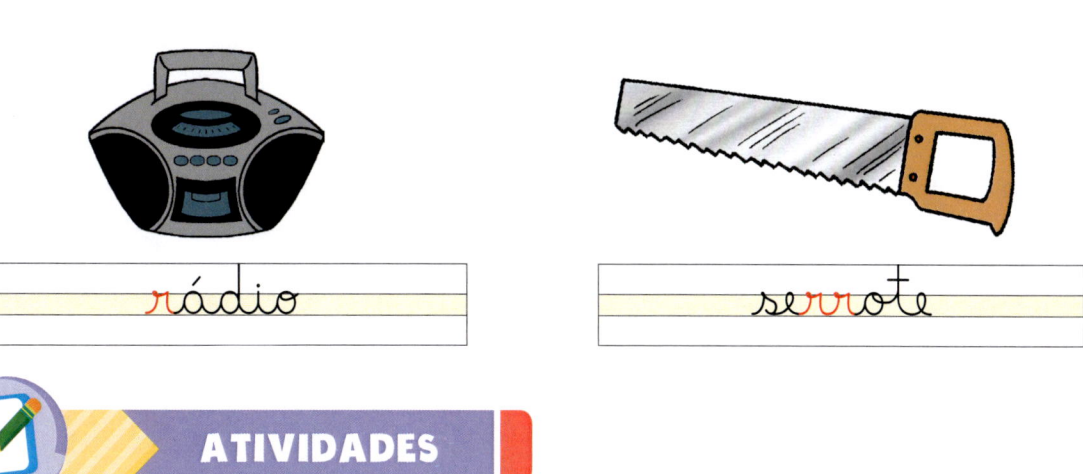

rádio

serrote

ATIVIDADES

1 Separe as sílabas das palavras. Observe os modelos.

recado

re-ca-do

cigarra

ci-gar-ra

roupa

barriga

Renata

marreco

2 Ordene as sílabas e forme palavras.

re-pa-de   ra-gar-fa

do-a-ra   re-ter-no

a-me-ra   cor-da-ri

3 Escreva uma frase com o nome da coisa que você vê em cada figura.

LIÇÃO 16

Sílabas com r entre vogais

Observe.

coruja

pererreca

ATIVIDADES

1 Separe as sílabas das palavras. Observe os modelos.

jacaré

ja-ca-ré

girafa

careta

aranha

urubu

carinho

2 Ordene as palavras e forme frases.

a) da medo Carolina tem perereca

b) coruja A ave noturna é uma

c) girafa Vi a zoológico no

3 Substitua o número pela sílaba correspondente e reescreva a palavra.

1 = ra   2 = re   3 = ri   4 = ro   5 = ru

a 2 ia	a 1 do	pi 5 lito	fa 4 fa
ca 3 mbo	menti 1	ca 3 nho	fa 3 nha
mu 4	tesou 1	co 1 gem	pe 5

LIÇÃO 17

Palavras com br e cr

Observe.

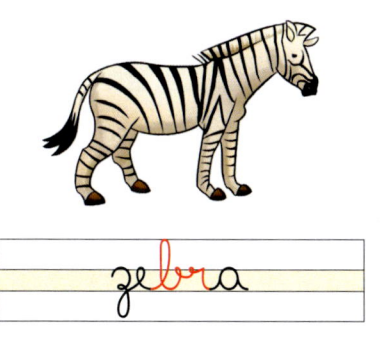

zebra

criança

ATIVIDADES

1 Escreva uma frase com o nome de cada figura.

2 Separe as sílabas das palavras.

brincar

brochura

creme

cruzada

brilho

criança

3 Complete as palavras com **br** ou **cr**. Depois, copie e separe as sílabas.

eme

ca ito

igadeiro

om o

uzeiro

iar

uzar

LIÇÃO 18

Palavras com dr e fr

Observe.

dragão

fruta

ATIVIDADES

1 Complete as frases com as palavras do quadro.

compadre – padrinho – cofre – fralda – frango – frito

A _____ é branca.

Papai guarda dinheiro no _____.

Gosto de _____.

O _____ de papai é meu _____.

2 Separe as sílabas das palavras.

refresco

quadro

drama

madre

pedra

fruteira

3 Ordene as palavras e forme frases.

a) frutas Na muitas há fruteira

b) Pedro gosta refresco de caju de

c) madrasta Minha à feira foi

d) fruteira A quebrou

e) dragão O doente ficou

LIÇÃO 19 — Palavras com tr e vr

Observe.

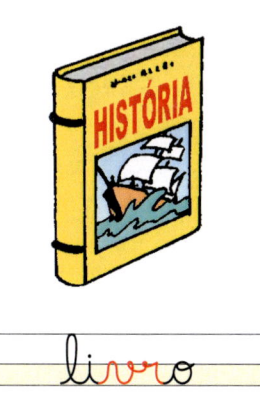

trem

livro

ATIVIDADES

1 Complete as frases com as palavras do quadro.

> livraria   trem   poltrona   estrada   estrela

Comprei o livro na _____.

Vi uma _____ no céu.

A _____ está perigosa.

Gosto de sentar na _____ do papai.

Fiz uma viagem de _____.

2 Separate as sílabas das palavras.

palavra   livreiro

travessa   trabalho

3 Observe e faça como no modelo.

trem   trenzinho   tren-zin-nho

vidro

trator

estrada

livro

estrela

trilho

LIÇÃO 20

Palavras com gr e pr

Observe.

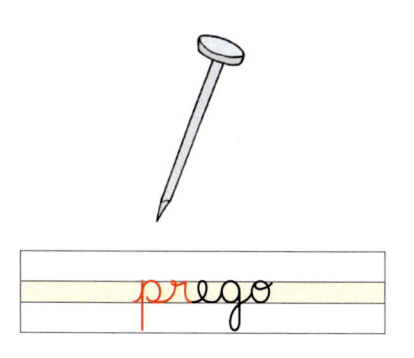

grilo

prego

ATIVIDADES

1 Copie as frases, substituindo os desenhos pelos nomes correspondentes.

a) O ____ está cricrilando.

b) Papai ganhou uma ____ de ____ .

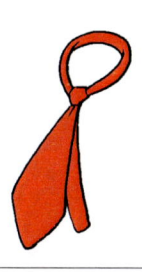

c) Furei a _____ com o _____ .

2 Ordene as sílabas e forme palavras.

te - sen - pre

dor - pra - com

ma - gri - lá

ma - gra - do

va - gra - ta

do - pri - com

3 Observe o modelo e complete.

pego   prego

gato

pato

paga

peço

gata

LIÇÃO 21

Palavras com pl e tl

Observe.

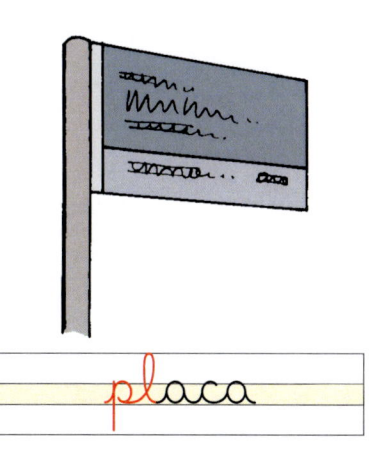

placa

atleta

ATIVIDADES

1 Complete as frases com as palavras do quadro.

| atleta | atletismo | plantação | planeta |

Plínio é um _____.

Paulo pratica _____.

Papai fez uma _____ de feijão.

A Terra é um _____.

2 Ordene as palavras e forme frases.

a) é A de guaraná garrafa plástico de

b) Meu é de anel platina

c) treino O se atleta machucou no

3 Forme uma frase para cada palavra do quadro.

planta   atlas   planeta

LIÇÃO 22

Palavras com lh

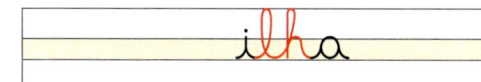

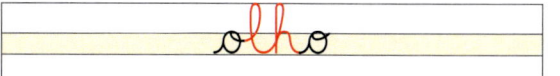

Observe.

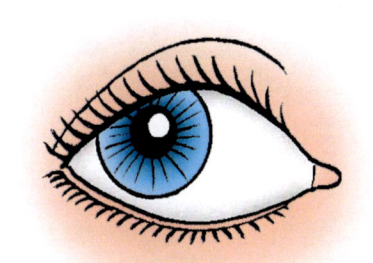

ilha   *olho*

ATIVIDADES

1 Copie a frase substituindo os desenhos pelos seus nomes.

a) A 🐝 produz mel.

b) O 🐰 come cenoura.

2 Junte as sílabas e forme palavras.

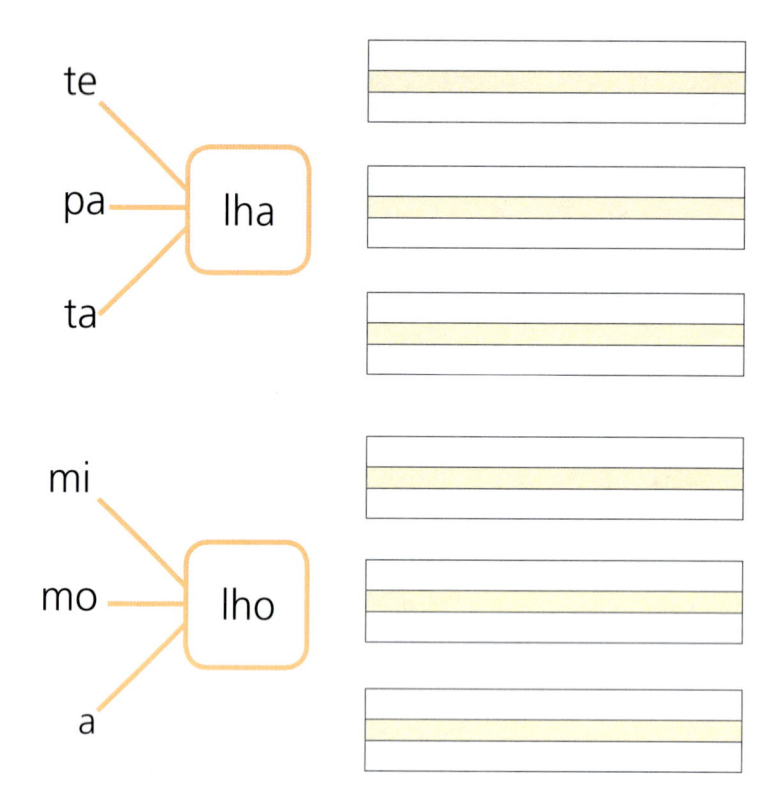

te
pa — lha
ta

mi
mo — lho
a

3 Complete as palavras com as sílabas **lha**, **lhe**, **lhi**, **lho** ou **lhu**.

ore ___ bi ___ te ___ ve ___ nha ___ mi ___

pa ___ ça ___ ore ___ do ___ agu ___ ove ___

nava ___ coe ___ joe ___ coa ___ da ___

4 Escreva uma frase com a palavra **agulha**.

LIÇÃO 23

Palavras com ch

Observe.

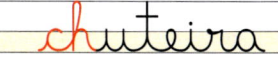

charrete

chuteira

ATIVIDADES

1 Copie a frase, substituindo os desenhos por seus nomes.

a) A 🔑 está fora do 🔑(chaveiro).

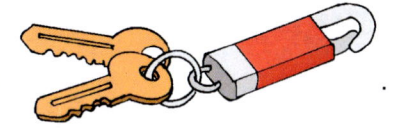

b) O 🐶 do Chico não gosta de chuva.

c) Os ____ e o ____ são chineses.

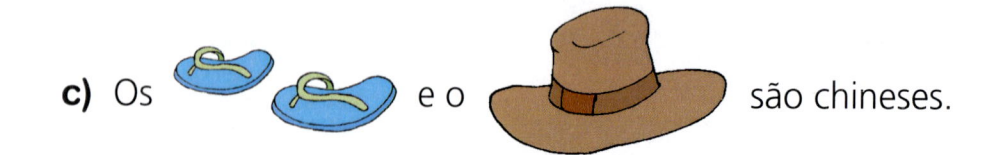

2 Complete o diagrama com **ch**, **lh**.

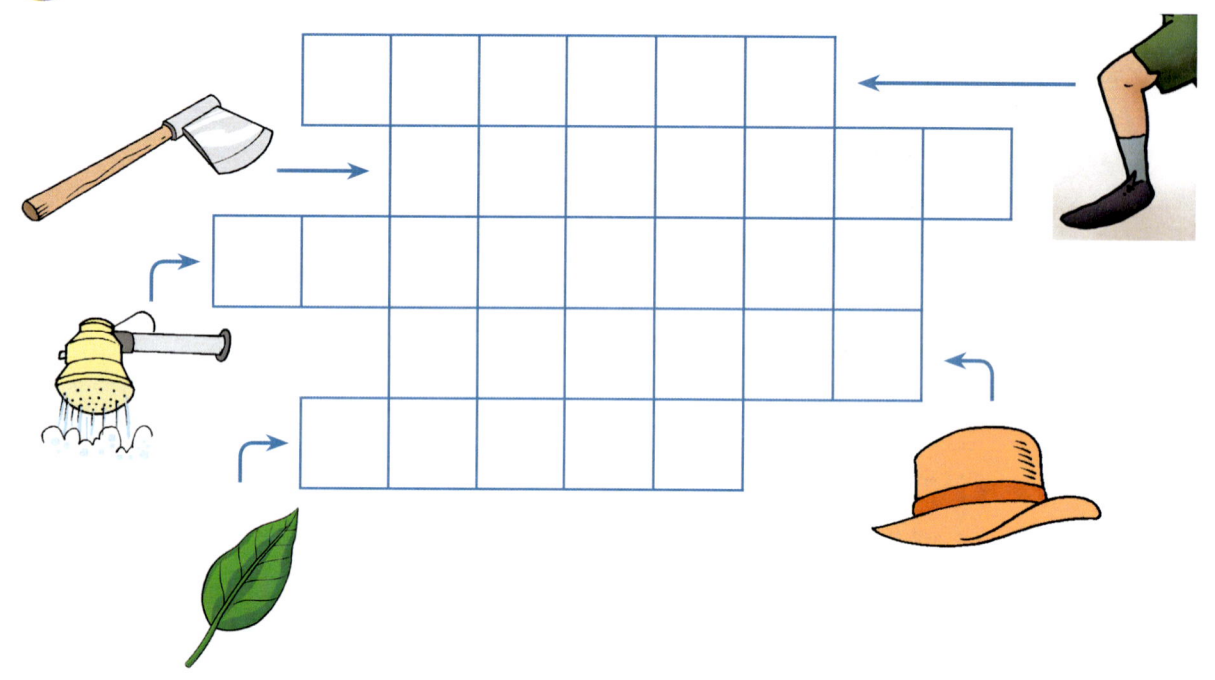

3 Separe as sílabas das palavras.

chave

joelho

chuva

repolho

chinelo

chapéu

LIÇÃO 24 — Palavras com nh

Observe.

aranha gafanhoto

ATIVIDADES

1. Leia o texto e circule as palavras com **nh**.

O elefantinho

Onde vais, elefantinho
Correndo pelo caminho
Assim tão desconsolado?
Andas perdido, bichinho
Espetaste o pé no espinho
Que sentes, pobre coitado?
— Estou com um medo danado
Encontrei um passarinho!

Vinicius de Moraes. *Arca de Noé*.
São Paulo: Companhia das Letrinhas, 1991.

2 Agora, responda.

a) O que o elefantinho estava fazendo?

b) Como estava o elefantinho: alegre ou desconsolado (triste)?

c) O que aconteceu ao elefantinho?

d) De quem ele estava com medo?

3 Escreva os nomes dos desenhos. Depois, copie a palavra separando as sílabas.

4 Ligue as sílabas e forme palavras.

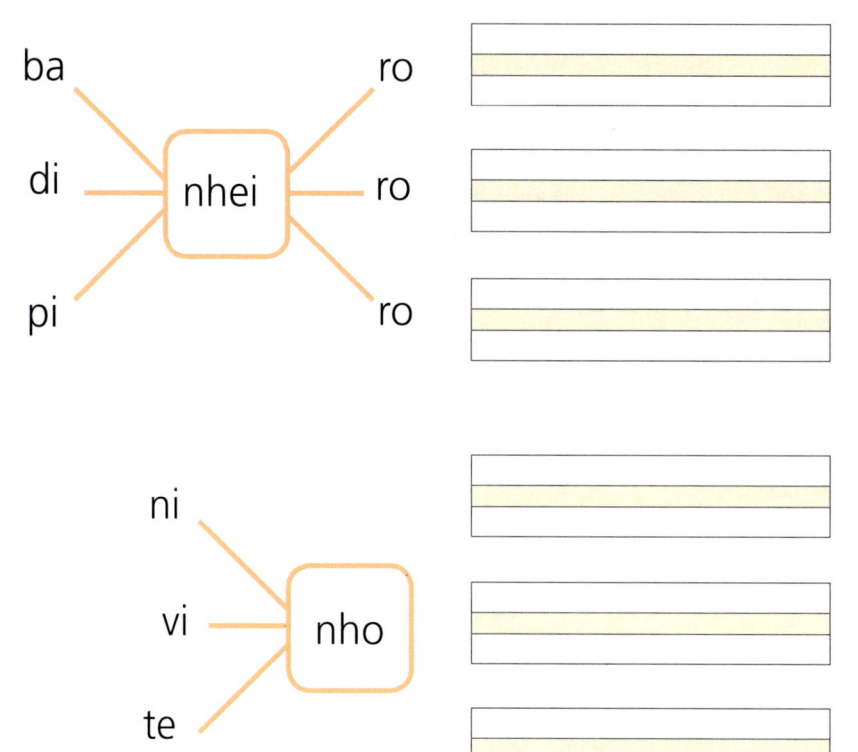

ba — nhei — ro
di — nhei — ro
pi — nhei — ro

ni — nho
vi — nho
te — nho

5 Separe as sílabas das palavras.

cozinha

caminhão

ovinho

gafanhoto

manhoso

gatinho

6 Faça como o modelo.

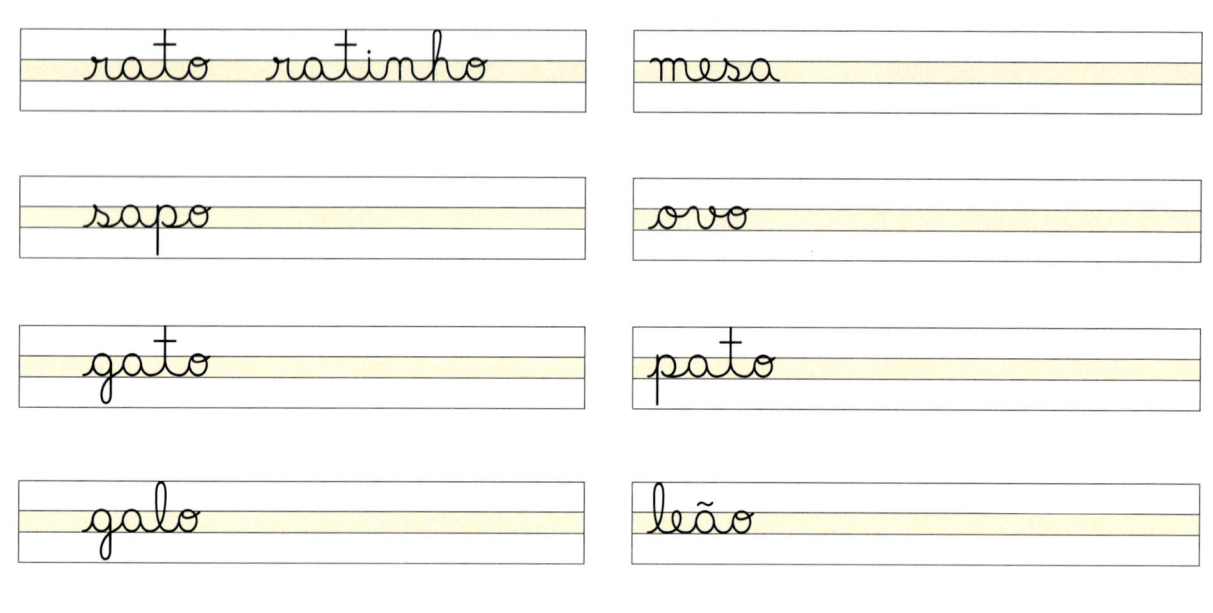

rato ratinho   *mesa*

sapo   *ovo*

gato   *pato*

galo   *leão*

7 Escreva uma frase com a palavra **passarinho**.

8 Ajude o menino a encontrar a galinha.

CALIGRAFIA

LIÇÃO 25
Vamos recordar palavras com lh, ch e nh

ATIVIDADES

1 Copie as palavras trocando os símbolos pelas letras correspondentes.

lh = ★	ch = ✹		nh = ▢
abe★a	✹uteira	coe★o	cami▢o
fi★ote	li▢a	borra✹a	ria✹o
✹apéu	agu★a	✹uveiro	ma★ado
ma✹uca	carti★a	ba▢o	bo✹e✹a
cozi▢a	di▢eiro	te★ado	ne▢um
mari▢a	vizi▢o	ju▢o	ma✹ado

57

2 Contorne as sílabas que formam o nome do desenho. Forme outra palavra com as sílabas restantes e escreva as duas palavras.

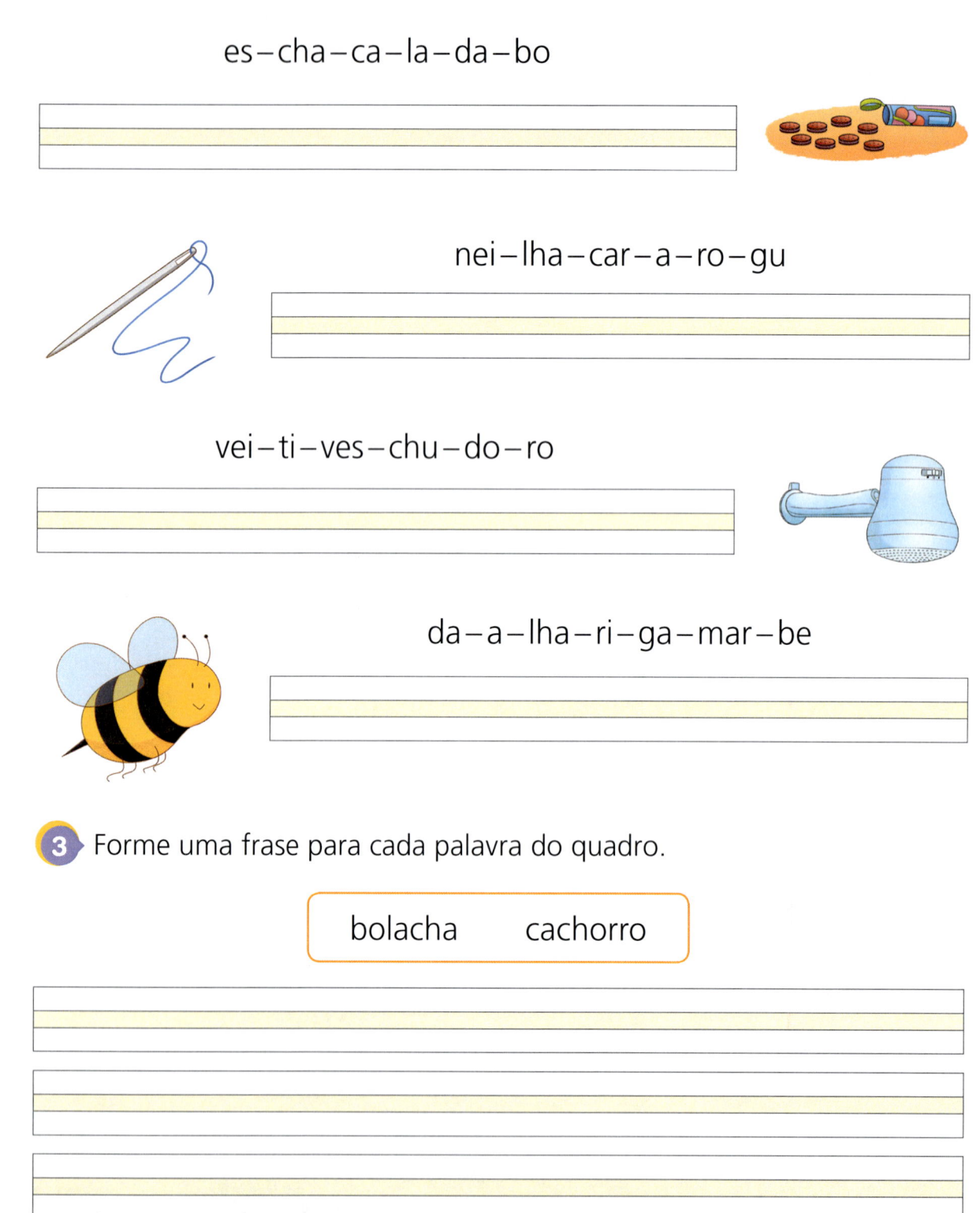

es – cha – ca – la – da – bo

nei – lha – car – a – ro – gu

vei – ti – ves – chu – do – ro

da – a – lha – ri – ga – mar – be

3 Forme uma frase para cada palavra do quadro.

bolacha   cachorro

LIÇÃO 26

Palavras com fl e gl

Observe.

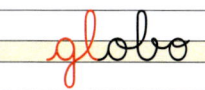

flor

globo

ATIVIDADES

1 Complete as frases a seguir com as palavras do quadro.

> flecha   flanela   flauta   Glauco   glacê

O indígena atirou uma _____

O bolo é coberto com _____ de chocolate.

Glauco toca _____

A _____ está suja.

_____ não foi à escola.

2 Separe as sílabas das palavras.

glicerina

glândula

flanela

flautista

florista

glorioso

3 Forme uma frase para cada palavra do quadro.

flor   flecha   planeta

4 Resolva os enigmas.

Observe o exemplo.

As 🌳 🥖 - p + n vivem 100 - c + s o ☀️ .

As árvores não vivem sem o Sol.

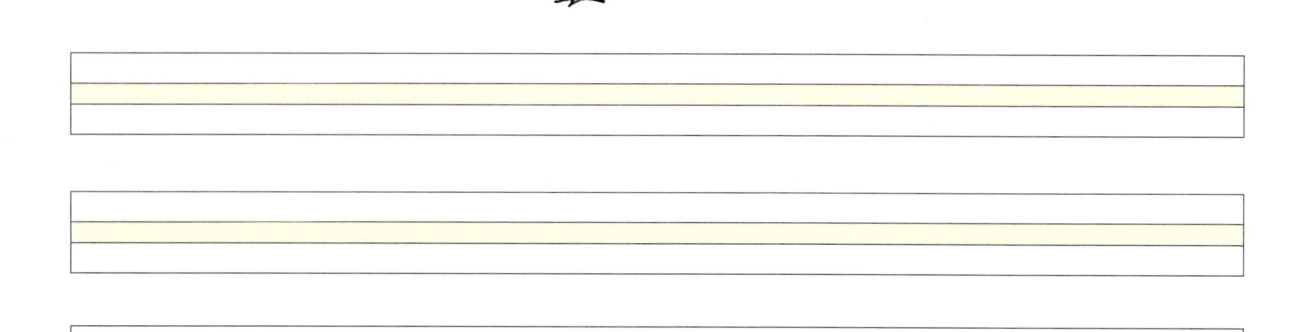

a) O ✏️ , a 🪑 e a 🪑 são D 🧳 - la + deira.

b) As 🍐🍎 d + a 🌳 estão 🍎 - çã + duras.

LIÇÃO 27 — Palavras com bl e cl

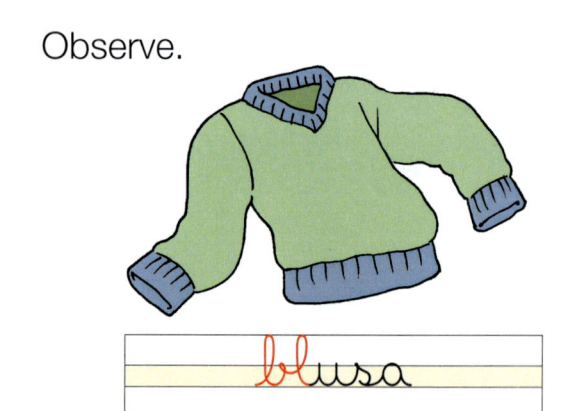

Observe.

blusa

bicicleta

ATIVIDADES

1. Complete cada frase a seguir com a palavra mais adequada.

blusa   lápis   meias

Cláudia usa uma _____ preta.

bicicleta   livro   caderno

Clóvis caiu da _____ .

ruas   quintal   biblioteca

Beto emprestou um livro da _____ .

2 Ordene as sílabas e forme palavras.

cle-te-chi   ma-cli

ta-to-cle-ci-mo

en-cli-te   ca-ni-clí

3 Forme duas frases com a palavra **bicicleta**.

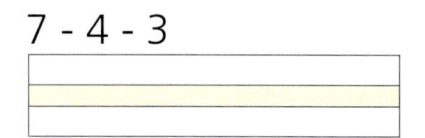

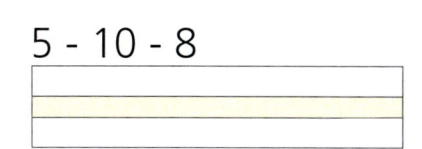

4 Forme palavras escrevendo as sílabas correspondentes aos números.

1 = ba	7 = ma
2 = bi	8 = ta
3 = do	9 = te
4 = cha	10 = ve
5 = ga	11 = ra
6 = lha	12 = ne

9 - 6 - 3

7 - 4 - 3

5 - 10 - 8

11 - 1 - 12 - 9

LIÇÃO 28
Palavras com h no início

Observe.

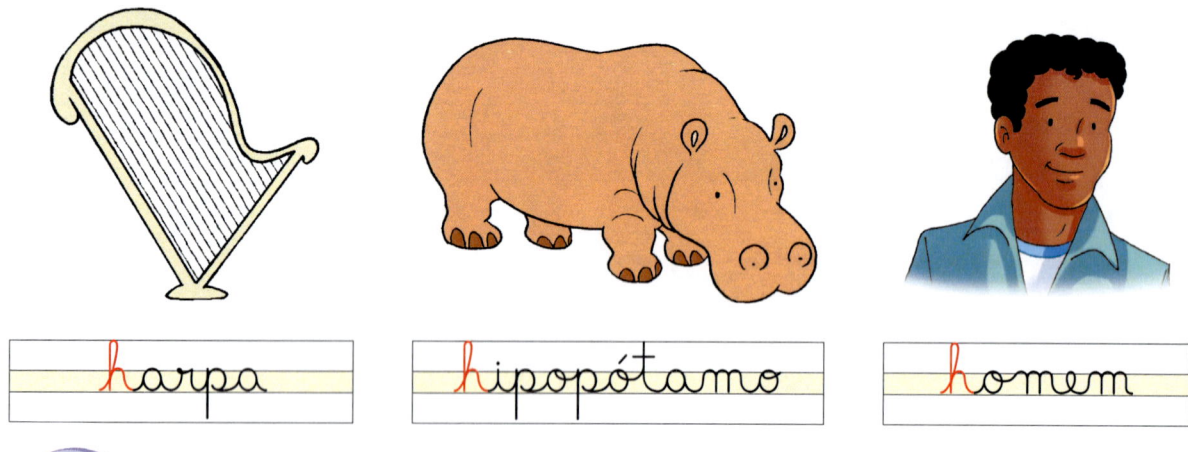

harpa   *hipopótamo*   *homem*

ATIVIDADES

1 Faça as ligações e escreva as palavras formadas.

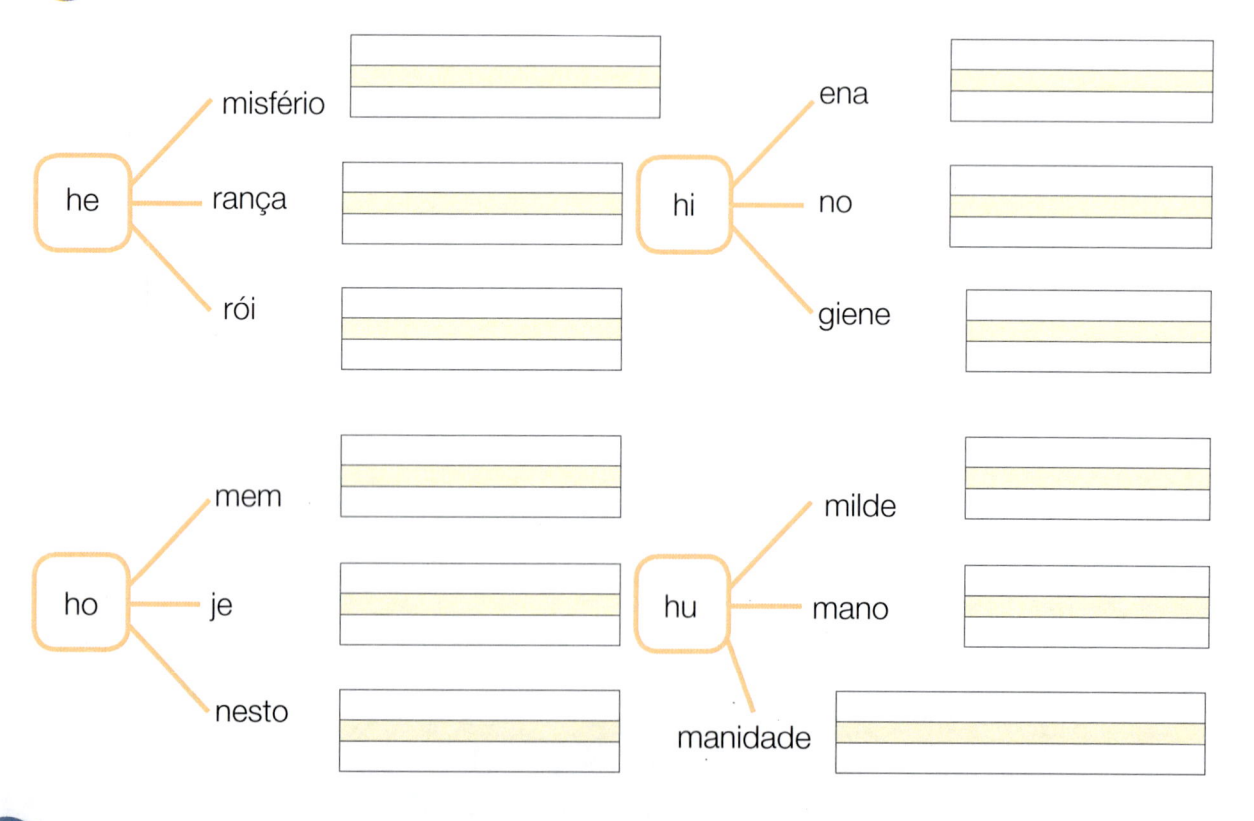

he — misfério
he — rança
he — rói

hi — ena
hi — no
hi — giene

ho — mem
ho — je
ho — nesto

hu — milde
hu — mano
hu — manidade

CALIGRAFIA

2 Complete as frases com as palavras do quadro abaixo.

> hipopótamo   hélice   hiena

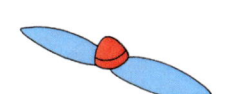

A _____ é do avião.

O _____ é muito pesado.

A _____ é um animal feroz.

3 Ordene as sílabas e escreva as palavras encontradas.

pi-tal-hos _____

ta-hor _____

tel-ho _____

no-hi _____

na-Hé-le _____

mem-ho _____

ra-ho _____

li-há-to _____

pa-har _____

hé-ce-li _____

LIÇÃO 29

Palavras com ge, gi / je, ji

Observe.

jiboia    *geladeira*    *girafa*

Atenção! As letras **g** e **j**, quando são seguidas das vogais **e** e **i**, têm o mesmo som.

ATIVIDADES

1 Coloque as palavras do quadro no lugar correto.

geladeira   traje   giz   relógio   sujeira   jiló   girafa   jejum

GE / GI	JE / JI

2. Separe as sílabas das palavras.

tigela

jiló

gemada

rugido

gelatina

jejum

3. Forme uma frase para cada palavra do quadro.

relógio   girassol   Geraldo   jipe   jerimum

LIÇÃO 30 — Palavras com qua, que, qui

Observe.

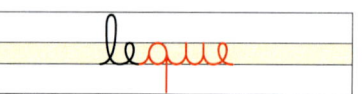

aquário   leque   caqui

ATIVIDADES

1 Ordene as palavras e forme frases.

a) Eu queijo gosto não

b) fez Joaquim anos quarenta

c) periquito no O subiu coqueiro

CALIGRAFIA

2. Separe as sílabas das palavras.

moleque

quiabo

quero

qualidade

aquarela

caqui

máquina

quati

3. Leia e adivinhe.

Quem eu sou?

Numa casa de vidro, eu moro. Não falo, não grito, não rio, nem choro.

Eu sou o _____

e vivo no _____.

LIÇÃO 31 — Palavras com gua, gue, gui

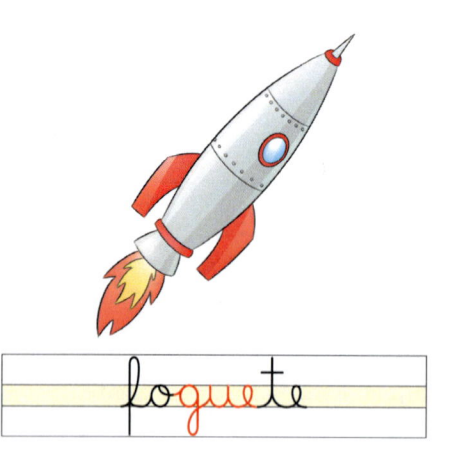

Observe.

guache

foguete

ATIVIDADES

1 Complete as frases com os nomes das figuras.

Miguel acendeu a

Minha prima toca

O menino pegou o

2 Separe as sílabas.

guitarra

linguagem

sangue

guindaste

guizo

Guanabara

guaraná

3 Dê um nome para a égua e escreva uma frase sobre ela.

LIÇÃO 32 — Palavras com ar, er, ir, or, ur

Observe.

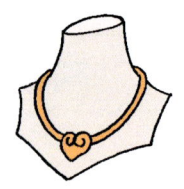

colar formiga urso

ATIVIDADES

1 Copie as frases, substituindo os desenhos por seus nomes.

a) O 🐷 e o 🐑 estão no cercado.

b) A 🦋 voa entre as 🌼.

c) Mércia gosta de 🍦.

d) A 🐢 anda devagar.

_____

2 Ordene as sílabas e escrevas as palavras.

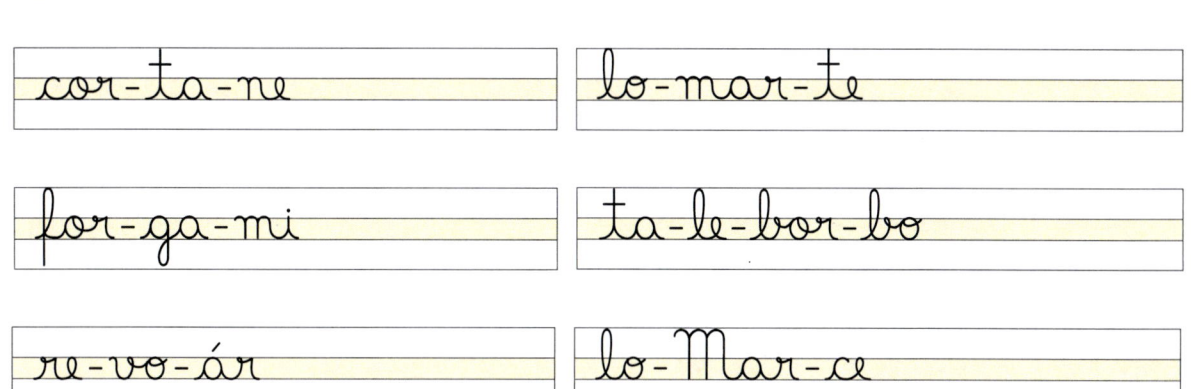

cor-ta-ne	lo-mar-te
for-ga-mi	ta-le-bor-bo
re-vo-ár	lo-Mar-ce

3 Ajude a borboleta a chegar até as flores.

LIÇÃO 33

Palavras que começam com al e au

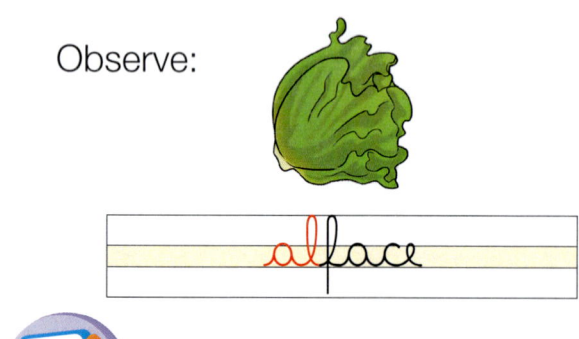

Observe:

alface

automóvel

ATIVIDADES

1 Forme as palavras e escreva-as.

au
- rora
- to
- tomóvel
- mento

al
- moço
- finete
- tar
- to

2 Separe as sílabas das palavras. Depois, copie-as.

audição

autógrafo

algodão

almofada

aula

álcool

alto

autor

auto

alma

LIÇÃO 34

Palavras com al, el, il, ol, ul

Observe.

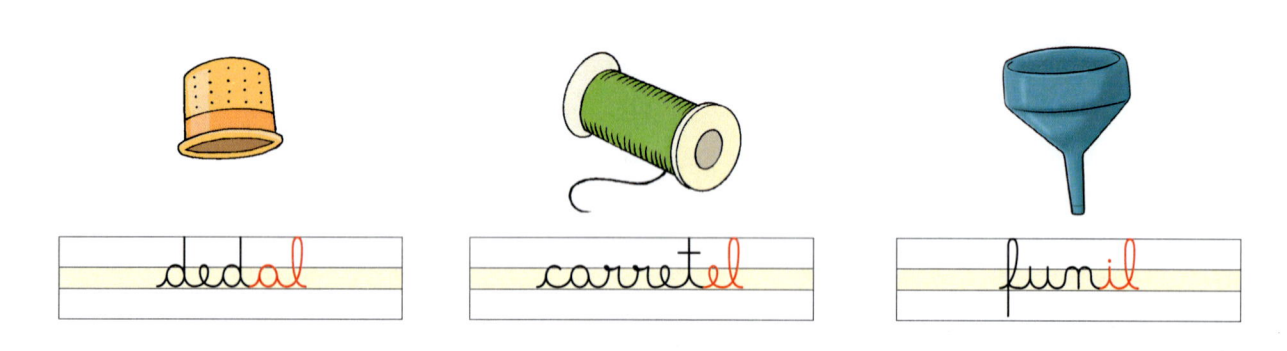

dedal   carretel   funil

ATIVIDADES

1 Ordene as palavras e forme frases.

a) horta caracol O na está

b) bolsa O carretel na está

c) um anel Nilda ganhou azul

2 Forme uma frase com a palavra **pastel**.

3 Observe o número correspondente a cada sílaba e escreva a palavra formada.

1 – tal	6 – mul
2 – pa	7 – ta
3 – pel	8 – co
4 – cal	9 – to
5 – sal	10 – do

4 e 10

5, 7 e 10

5 e 10

6 e 7

1 e 8

9 e 1

2 e 3

LIÇÃO 35

Palavras com final em -ão

Observe.

cão

coração

ATIVIDADES

1 Siga o modelo.

faca — facão

mão —

pão —

garrafa —

balão —

bola —

pião —

gato —

leão —

carro —

2 Escreva frases substituindo os desenhos por seus nomes.

a) O [leão] é feroz.

b) Gosto de [camarão] e [mamão].

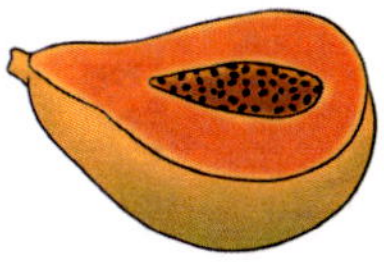

c) Lavei as [mãos] com sabão.

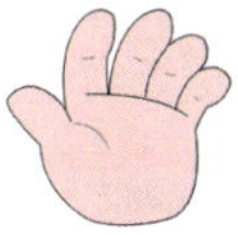

3 Ordene as sílabas e forme palavras.

lão-ba _____ co-es-vão _____

rão-ca-ma _____ go-dão-al _____

ra-co-ção _____ cão-fa _____

zi-le-ão-nho _____

LIÇÃO 36

Os diferentes sons de x

O **x** é muito engraçado.
Cada hora tem um som.
Reparem, vejam meninos
Como aprender isto é bom.

Peixe se escreve com **x**,
Próximo um **x** sempre tem,
Exame, exato, êxito
Com **x** se escrevem também.
Táxi, também.

Revista Pedagógica Brasileira.

X com som de ch

Observe.

xerife

xícara

ATIVIDADE

Copie as frases substituindo os desenhos por seus nomes.

a) Aleixo gosta de [abacaxi] e de [peixe].

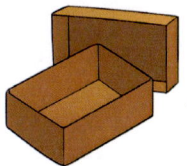

b) Na [caixa], ela guarda o jogo de [xadrez].

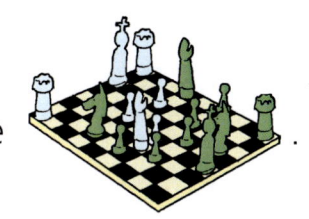

c) Xerxes já tomou o [xarope].

d) Xuxa ganhou um [xale].

X com som de s

Observe.

extintor

exposição   excursão   externo

X com som de z

Observe.

exército

exame   exercício   exemplo

X com som de ss

Observe.

auxílio   máximo   próxima

X com som de cs

Observe.

táxi

saxofone   boxe   maxilar

ATIVIDADES

1 Copie a frase, substituindo os desenhos por seus nomes.

a) Expedito trouxe o 🎷 no 🚕 .

2 Separe as sílabas das palavras.

trouxe

auxiliar

texto

excursão

máximo

saxofone

3 Leia o texto e sublinhe as palavras com **x**.

> Ontem fui fazer uma excursão. Levei de lanche peixe frito e doce de ameixa.
> Não esqueci de levar meu xarope para tomar. Levei também meu tabuleiro de xadrez para jogar com meus amigos.
> Um dos colegas da classe tocou saxofone para alegrar a turma.
> Gostei muito da excursão e voltei para casa de táxi.

Agora, copie as palavras que você sublinhou.

LIÇÃO 37 — Palavras com c, sc e sç

Observe.

piscina

ATIVIDADES

1 Forme as palavras e escreva-as.

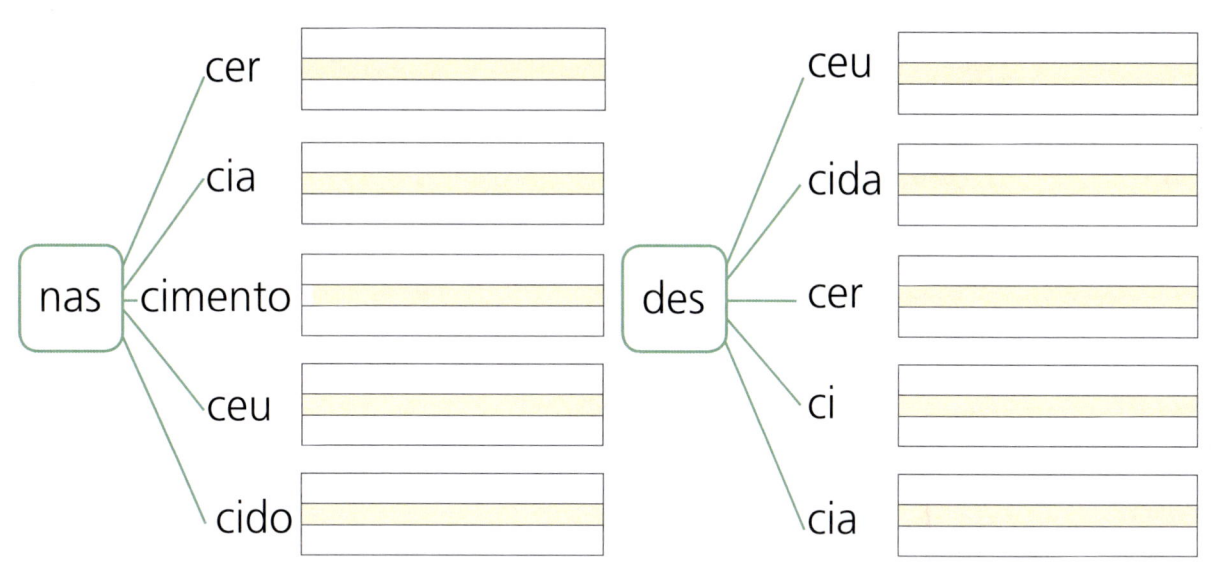

nas —
- cer
- cia
- cimento
- ceu
- cido

des —
- ceu
- cida
- cer
- ci
- cia

2 Complete com **sc**, **c** ou **sç**.

na___am	cre___am	pre___e	Ali___e
de___eu	cre___ia	nas___e	do___e
alfa___e	á___ido	cre___er	Vo___ê
di___iplina	pi___ina	te___ia	de___ida

3 Separe as sílabas das palavras. Observe os modelos.

crescer	desçam
cres-cer	des-çam
crescimento	desceu
disciplina	você
adolescente	nasce
piscina	padece

4) Ajude Cícero a encontrar o amigo Célio na piscina.

5) Encontre no diagrama cinco palavras com sc.

B	N	A	S	C	E	R	W	C	Y	U	C
C	V	B	C	B	G	U	O	P	L	O	R
D	E	S	C	E	R	A	W	P	O	B	S
A	S	D	F	G	T	U	O	I	N	C	C
A	D	O	L	E	S	C	E	N	T	E	E
E	B	I	A	X	S	C	Z	E	T	U	R
P	I	S	C	I	N	A	Q	V	N	P	Ç

6 Agora forme frases com cada uma das palavras do exercício anterior.